ⓒ 뿜작가, 2019

1판 1쇄 발행 2019년 6월 20일 | **1판 2쇄 발행** 2020년 12월 15일

글 전은지 | **그림** 뿜작가
펴낸이 권준구 | **펴낸곳** (주)지학사
본부장 황홍규 | **편집** 문지연 김솔지 | **디자인** 이혜리
제작 김현정 이진형 강석준 방연주 | **마케팅** 송성만 손정빈 윤술옥 이예현
등록 2010년 1월 29일(제313-2010-24호) | **주소** 서울시 마포구 신촌로6길 5
전화 02.330.5297 | **팩스** 02.3141.4488 | **이메일** arbolbooks@jihak.co.kr
ISBN 979-11-6204-060-7 73710

잘못된 책은 구입하신 곳에서 바꿔 드립니다.

이 도서의 국립중앙도서관 출판예정도서목록(CIP)은 서지정보유통지원시스템 홈페이지(http://seoji.nl.go.kr)와
국가자료종합목록 구축시스템(http://kolis-net.nl.go.kr)에서 이용하실 수 있습니다.(CIP제어번호 : CIP2019022476)

 제조국 대한민국　**사용연령** 8세 이상

KC마크는 이 제품이 공통안전기준에 적합하였음을 의미합니다.

 아르볼은 '나무'를 뜻하는 스페인어. 어린이들의 마음에
담긴 씨앗을 알찬 열매로 맺게 하는 나무가 되겠습니다.

홈페이지 www.jihak.co.kr/arb/book | **포스트** post.naver.com/arbolbooks

매일매일이 속담이야!

공감 뿜뿜 한컷 속담

글 전은지 그림 뿜작가

지학사아르볼

차례

- 꼬리가 길면 밟힌다   8
- 그림의 떡이다   10
- 고생 끝에 낙이 온다   12
- 꿩 대신 닭   14
- 달면 삼키고 쓰면 뱉는다   16
- 놓친 고기가 더 크다   18
- 낫 놓고 기역 자도 모른다   20
- 도둑이 제 발 저리다   22
- 돌다리도 두들겨 보고 건너라   24
- 가는 말이 고와야 오는 말이 곱다   26

- 황소 뒷걸음치다가 쥐 잡는다   28
- 떡 줄 사람은 생각도 않는데 김칫국부터 마신다   30
- 아니 땐 굴뚝에 연기 날까   32
- 말이 씨가 된다   34
- 개구리 올챙이 적 생각 못 한다   36
- 가랑비에 옷 젖는 줄 모른다   38
- 믿는 도끼에 발등 찍힌다   40
- 뱁새가 황새를 따라가면 다리가 찢어진다   42
- 도끼로 제 발등 찍는다   44
- 모르는 게 약이다   46

가로세로 속담이 뿜뿜 ❶   48

- 빛 좋은 개살구   50
- 방귀 뀐 놈이 성낸다   52
- 나무를 보고 숲을 보지 못한다   54
- 목마른 놈이 우물 판다   56
- 뛰는 놈 위에 나는 놈 있다   58
- 발 없는 말이 천 리 간다   60
- 바늘 가는 데 실 간다   62
- 등잔 밑이 어둡다   64
- 군말이 많으면 쓸 말이 적다   66
- 코에 걸면 코걸이 귀에 걸면 귀걸이   68

- 팔 고쳐 주니 다리 부러졌다 한다   70
- 드문드문 걸어도 황소걸음   72
- 벼 이삭은 익을수록 고개를 숙인다   74
- 우물에 가 숭늉 찾는다   76
- 바늘 도둑이 소도둑 된다   78
- 사람은 얼굴보다 마음이 고와야 한다   80
- 개똥도 약에 쓰려면 없다   82
- 구더기 무서워 장 못 담글까   84
- 뿌리 깊은 나무 가뭄 안 탄다   86
- 까마귀 날자 배 떨어진다   88

가로세로 속담이 뿜뿜 ❷   90

- 시작이 반이다   92
- 차면 넘친다   94
- 좋은 농사꾼에게는 나쁜 땅이 없다   96
- 참는 자에게 복이 있다   98
- 소문난 잔치에 먹을 것 없다   100
- 수박 겉 핥기   102
- 소 잃고 외양간 고친다   104
- 물에 빠져도 정신을 차려야 산다   106
- 오르지 못할 나무는 쳐다보지도 마라   108
- 미꾸라지 한 마리가 온 웅덩이를 흐려 놓는다   110

- 열 번 찍어 아니 넘어가는 나무 없다   112
- 쇠뿔도 단김에 빼랬다   114
- 백지장도 맞들면 낫다   116
- 꿩 먹고 알 먹는다   118
- 백 번 듣는 것이 한 번 보는 것만 못하다   120
- 푸성귀는 떡잎부터 알고 사람은 어렸을 때부터 안다   122
- 어물전 망신은 꼴뚜기가 시킨다   124
- 금강산도 식후경   126
- 열 길 물속은 알아도 한 길 사람 속은 모른다   128
- 장님이 외나무다리 건너듯   130

가로세로 속담이 뿜뿜 ❸   132

- 하늘은 스스로 돕는 자를 돕는다   134
- 탕약에 감초 빠질까   136
- 큰 둑도 개미구멍으로 무너진다   138
- 비 온 뒤에 땅이 굳어진다   140
- 초록은 동색   142
- 콩 심은 데 콩 나고 팥 심은 데 팥 난다   144
- 하나를 보면 열을 안다   146
- 호랑이 굴에 가야 호랑이 새끼를 잡는다   148
- 콩으로 메주를 쑨다 하여도 곧이듣지 않는다   150
- 첫술에 배부르랴   152

- -

- 원숭이도 나무에서 떨어진다   154
- 티끌 모아 태산   156
- 자기 배 부르면 남의 배 고픈 줄 모른다   158
- 한 계단씩 밟아 올라간다   160
- 우물 안 개구리   162
- 짚신도 제짝이 있다   164
- 윗물이 맑아야 아랫물이 맑다   166
- 지렁이도 밟으면 꿈틀한다   168
- 자라 보고 놀란 가슴 솥뚜껑 보고 놀란다   170
- 세 살 버릇 여든까지 간다   172

가로세로 속담이 뿜뿜 ④   174

정답 176   /   **찾아보기** 178

1 꼬리가 길면 밟힌다

나쁜 일을 계속해서 몰래 하다 보면 결국에는 들킨다는 뜻

꼬리잡기 놀이를 한다고 상상해 봐요. 꼬리가 짧은 것보다는 긴 것이 더 잘 잡히겠지요? 이처럼 나쁜 일도 아무리 남모르게 한다고 해도 오랫동안 하다 보면 어느 순간 들키고 말 거예요.

 **생활 속에 속담이 뿜뿜!**

엄마가 하루에 한 개씩만 먹으라고 한 초콜릿을
두 개씩 먹다가 들켰을 때
"꼬리가 길면 밟히는 거야. 엄마가 눈치 못 챌 줄 알았어?"

부모님 몰래 가끔 게임 캐시를 결제했는데 들통났을 때
"금액이 적어서 부모님이 모르실 줄 알았는데,
계속했더니 결국 걸렸네. 꼬리가 길면 밟힌다더니."

아무 생각 없이 매번 종이를 일반 쓰레기통에 버렸는데
어느 날 선생님 눈에 띄어 혼날 때
"종이를 일반 쓰레기통에 버리는 녀석이 너였구나!
꼬리가 길면 밟히는 법이지. 다음부턴 분리수거 똑바로 하자!"

 이런 말도 있어요!

- 고삐가 길면 밟힌다
- 비장필천 (轡 고삐 비 長 길 장 必 반드시 필 踐 밟을 천)
  … 고삐가 길면 밟힌다는 뜻

2

그림의 떡이다

아무리 원해도 가지거나 먹을 수 없는 것이라는 뜻

떡이 아무리 맛있게 생겼어도, 그림 속의 일부라면 먹을 수 없지요. 이처럼 마음에 쏙 들어도 갖거나 사용할 수 없는 것을 뜻해요.

생활 속에 속담이 뿜뿜!

새로 나온 스마트폰을 갖고 싶지만
부모님이 반대해서 살 수 없을 때
"새 스마트폰은 나에게 그림의 떡이야.
아빠는 내가 스마트폰으로 게임을 너무 많이 한다고 생각해."

빵집 앞을 지나가는데 갓 구운 빵 냄새가 진동하여
진열창을 쳐다보며 입맛을 다실 때
"빵 냄새 완전 좋아! 하지만 돈이 없으니 그림의 떡이네."

신발 가게에서 예쁜 신발을 보았으나 너무 비싸서 살 수 없을 때
"갖고 싶지만 너무 비싸. 그림의 떡이야."

 이런 말도 있어요!

- 그림의 선녀 (북한 속담)
- 화중지병 (畫 그림 화 中 가운데 중 之 갈 지 餠 떡 병)
  ⋯ 그림 속의 떡이란 뜻
- 견이불식 (見 볼 견 而 말 이을 이 不 아닐 불 食 밥 식)
  ⋯ 보고도 못 먹는다는 뜻

3 고생 끝에 낙이 온다

어려운 일을 겪고 난 후에는 좋은 일이 온다는 뜻

힘들지만 고된 일을 겪은 뒤에는 반드시 즐겁고 좋은 일이 생긴다는 말이에요. 현재를 힘들게 살아가는 사람들에게 희망을 주는 속담이지요.

 **생활 속에 속담이 뿜뿜!**

놀고 싶은 걸 꾹 참고 열심히 공부해서 좋은 성적을 받았을 때

"공부할 때는 힘들었지만, 성적이 오르니 아주 보람 있네!
역시 고생 끝에 낙이 온다니까."

태권도장에 매일 나가 열심히 훈련해서 단증을 땄을 때

"고생 끝에 낙이 온다더니, 드디어 단증을 땄어!
나도 이제 태권도 유단자라고!"

주말 동안 집안 곳곳을 반짝반짝하게 청소한 뒤
약속대로 부모님께 용돈을 받았을 때

"이제 보고 싶었던 만화책을 살 수 있겠다! 고생 끝에 낙이다!"

 **이런 말도 있어요!**

- 3월의 바람과 4월의 소나기가 5월의 꽃을 데려온다 (외국 속담)
- 즐거움은 고생의 씨앗, 고생은 즐거움의 씨앗 (외국 속담)
- 고진감래 (苦쓸 고 盡다할 진 甘달 감 來올 래)
  ⋯ 쓴 것이 다하면 단 것이 온다는 뜻

4

꿩 대신 닭

원래 쓰려던 것이 없으면 비슷한 것을 대신 쓴다는 뜻

원래 쓰려던 것을 구할 수 없을 때는 아쉬운 대로 그것과 비슷한 것을 구하여 쓴다는 말이에요.

 생활 속에 속담이 뿡뿡!

피자가 먹고 싶지만 한 판을 혼자 다 먹을 수 없으니
아쉬운 대로 빵집에서 피자빵을 사 먹을 때

"피자는 아니지만 재료가 비슷하니 맛도 비슷하군.
꿩 대신 닭이야."

엄마에게 피자 먹고 싶다고 했더니 김치부침개를 해 주셨을 때

"피자는 나중에 먹고 오늘은 김치부침개 먹어.
꿩 대신 닭이란다."

오색 볼펜을 사러 갔는데 다 팔리고 없어서
아쉬운 대로 삼색 볼펜을 샀을 때

"오색 볼펜이 갖고 싶었는데 아쉽네.
꿩 대신 닭이라고, 삼색 볼펜이라도 사야지."

 이런 말도 있어요!

- 봉 아니면 꿩이다
- 말을 탈 수 없으면 소를 타라 (외국 속담)

5 달면 삼키고 쓰면 뱉는다

옳고 그름, 신의 등과는 상관없이 자신의 이익만 꾀한다는 뜻

상황의 옳고 그름이나 상대방과의 믿음이나 의리 등은 살피지 않은 채 자신에게 좋은 것은 받아들이고, 싫거나 불리한 것은 거부한다는 말이에요.

 **생활 속에 속담이 뿜뿜!**

예쁜 새끼 강아지를 데려다 키우다가
뒤치다꺼리하기 힘들어서 버리는 사람을 보았을 때

"귀엽다고 할 때는 언제고 키우기 힘들다며 강아지를 버려?
달면 삼키고 쓰면 뱉는다지만, 이건 너무하잖아!"

친구가 숙제 좀 보여 달라고 해서 보여 줬는데
내가 보여 달라고 했을 때는 무시하며 멀리할 때

"칫, 내 도움이 필요할 때는 친한 척하더니,
완전 달면 삼키고 쓰면 뱉네?"

용돈이 필요할 땐 아빠한테 애교를 부리다가
잔소리가 시작되자 방으로 쏙 들어가는 동생을 보았을 때

"달면 삼키고 쓰면 뱉는다더니, 용돈 받고 태도가 싹 바뀌네?"

 이런 말도 있어요!

- 추우면 다가들고 더우면 물러선다
- 감탄고토 (甘달 감 呑삼킬 탄 苦쓸 고 吐토할 토)
  … 달면 삼키고 쓰면 뱉는다는 뜻

놓친 고기가 더 크다

현재 가지고 있는 것보다 먼저 것이 더 좋았다고 생각된다는 뜻

지나간 것을 아쉬워하는 마음을 표현한 속담이지요. 현재 가지고 있는 것보다 놓친 것, 이전에 가지고 있던 것이 더 크고 좋았다고 생각하는 거예요.

생활 속에 속담이 뿜뿜!

이것을 살까, 저것을 살까 고민하다 하나를 골랐는데
집에 가면서 다른 하나를 살걸 후회할 때

"놓친 고기가 더 크다더니,
이거 말고 다른 게 더 나았던 것 같아."

형에게 빵을 반 떼어 나눠 줬는데, 형한테 준 빵이 더 커 보일 때

"놓친 고기가 더 크다더니,
형한테 준 게 내 것보다 더 크고 맛있어 보이네."

안 쓰는 연필을 친구한테 줬는데,
나중에 보니 그 연필이 좋아 보일 때

"저 연필 괜히 준 것 같아. 놓친 고기라 더 좋아 보이는 건가?"

이런 말도 있어요!

- 남의 떡이 커 보인다
- 옆집 꽃이 빨갛다 (외국 속담)
- 담 너머 잔디가 더 푸르게 보인다 (외국 속담)

7

낫 놓고 기역 자도 모른다

아주 무식하다는 뜻

기역(ㄱ) 자 모양으로 생긴 낫을 보고도, 기역 자를 모를 정도로 아는 것이 없다는 말이에요.

생활 속에 속담이 뿜뿜!

미국에 갔는데 영어를 못해서 할 수 있는 게 없을 때

"낫 놓고 기역 자도 모르는 상태라
숙소 밖으로 나가기가 두려워."

어릴 때 가난해서 학교에 다니지 못해 글을 몰랐던 할머니가
노인 학교에서 한글을 배웠을 때

"얼마 전만 해도 낫 놓고 기역 자도 몰랐는데,
이젠 글을 읽고 쓸 수 있으니 참 좋구먼."

친구가 책도 안 읽고 공부를 너무 안 해서
기본적인 상식이 부족할 때

"걔한테 물어봐야 소용없어. 걔는 낫 놓고 기역 자도 모르거든."

이런 말도 있어요!

- 가나다라도 모른다 (북한 속담)
- 콩과 보리도 분간하지 못한다
- 목불식정 (目눈 목 不아닐 불 識알 식 丁고무래 정)
  … 고무래(농기구)를 보고도 고무래 정(丁) 자를 모른다는 뜻

8

도둑이 제 발 저리다

죄를 지으면 자연히 마음이 조마조마하다는 뜻

잘못을 저지른 사람은 자신의 잘못을 들킬까 봐 불안해하기 때문에 누가 뭐라 하지 않아도 스스로 그 마음을 드러내게 되어 있다는 말이에요.

생활 속에 속담이 뿜뿜!

교실 화병이 깨져 있어서 누구 짓인지 알아보는데
한 친구가 안절부절하고 있을 때

"너 왜 이렇게 어쩔 줄 몰라 하고 있어?
도둑이 제 발 저리냐?"

나중에 먹으려고 아껴 둔 간식을 몰래 먹은 동생이
누나의 간식이 없어졌다며 먼저 호들갑을 떨 때

"아무래도 너 수상하다. 묻지도 않았는데
대뜸 간식이 없어졌다니, 도둑이 제 발 저린 거 아니야?"

학급 문고의 도서를 집에 가져갔다 잃어버린 아이가
학급 문고 정리를 반대할 때

"책을 번호대로 정리한다는데 왜 반대를 해?
도둑이 제 발 저린다고, 뭔가 켕기는 게 있나 봐."

 이런 말도 있어요!

- 도적은 제 발이 저려서 뛴다
- 꼬꼬댁하고 우는 암탉이 알을 낳은 닭이다 (외국 속담)

9

돌다리도 두들겨 보고 건너라

잘 아는 일이라도 꼼꼼하게 주의를 하라는 뜻

잘 아는 일이거나 아무 문제 없어 보이는 상황이라도 다시 한번 확인하고 살펴봐야 실수가 없다는 뜻이에요. 모든 일에는 언제나 마음을 놓지 말고 조심해야 한답니다.

 생활 속에 속담이 뿜뿜!

몇 번 가 보았던 길이지만 다시 한번 미리 지도를 확인해 둘 때
"돌다리도 두들겨 보고 건너랬으니,
가는 길을 다시 확인해 봐야지. 조심해서 나쁠 건 없으니까."

가시를 발라낸 생선이지만,
먹기 전에 가시가 있는지 다시 한번 확인할 때
"목에 가시가 걸려 고생하긴 싫으니 다시 한번 확인해야지.
돌다리도 두들겨 보고 건너라잖아."

내일 가야 할 체험 학습 장소와 시간을 다시 확인할 때
"혹시 모르니까 한 번 더 확인하는 게 좋겠어.
돌다리도 두들겨 보고 건너랬으니까."

 이런 말도 있어요!

- 아는 길도 물어서 가라
- 뛰어오르기 전에 살펴보라 (외국 속담)
- 유비무환 (有 있을 유 備 갖출 비 無 없을 무 患 근심 환)
  … 평소에 준비가 잘돼 있으면 나중에 걱정할 일이 없다는 말

10 가는 말이 고와야 오는 말이 곱다

내가 먼저 다른 사람에게 잘 대해 주어야 다른 사람도 나에게 잘 대해 준다는 뜻

상대방과 좋은 관계를 맺으려면 고운 말과 행동으로 다가가야 해요. 내가 상대방에게 나쁘게 대하면 상대방도 나를 나쁘게 대할 거예요.

 **생활 속에 속담이**

운동회에서 달리기 경주를 할 때 내가 응원했던 친구가
내 차례가 되자 더 큰 목소리로 나를 응원해 주었을 때
"응원해 줘서 고마워! 역시 가는 말이 고우면 오는 말도 곱다니까."

친구들끼리 서로 욕을 주고받으며 싸우는 것을 보았을 때
"둘 다 말이 너무 심한 거 아니야?
가는 말이 고와야 오는 말이 고운 법이라고."

옆집 할머니의 짐을 들어 드렸더니 침이 마르도록 칭찬해 주셨을 때
"기분 좋은 말을 많이 들어서 참 좋다.
역시 가는 말이 고우면 오는 말이 곱구나."

 이런 말도 있어요!

- 말 한마디에 천 냥 빚도 갚는다   • 가는 정이 있어야 오는 정이 있다
- 말이 입힌 상처는 칼이 입힌 상처보다 깊다 (외국 속담)
- 거언미래언미
   (去갈 거 름말씀 언 美아름다울 미 來올 래 름말씀 언 美아름다울 미)
   …⋯ 가는 말이 고와야 오는 말이 곱다는 뜻

11 황소 뒷걸음치다가 쥐 잡는다

어쩌다 우연히 일이 잘되었거나 알아맞혔다는 뜻

어리석은 사람이 미련한 행동을 하다가 뜻밖에 좋은 성과를 냈거나 의도하지 않았는데 행운이 따랐을 때 사용하는 말이에요.

생활 속에 속담이 뿜뿜!

시험 볼 때 문제를 잘못 이해한 채 답을 적었는데
채점해 보니 자신이 쓴 답이 정답일 때

"이거 황소가 뒷걸음치다가 쥐 잡은 셈이네.
문제를 잘못 이해했는데 답을 맞히다니."

축구 경기를 하다가 발을 헛디뎌 넘어졌는데
자기도 모르게 공이 발끝에 맞아 골이 들어갔을 때

"세상에, 황소 뒷걸음치다가 쥐 잡는다더니, 완전 행운의 골이네."

책을 잘못 샀는데 읽어 보니 원래 사려던 책보다 내용이 더 좋을 때

"이 책이 더 재미있고 내용도 풍부하네?
황소 뒷걸음치다가 쥐 잡았군."

이런 말도 있어요!

- 소 밭에 쥐 잡기
- 황소 뒷걸음에 잡힌 개구리
- 잠자는 사람의 그물이 물고기를 잡는다 (외국 속담)

12

떡 줄 사람은 생각도 않는데 김칫국부터 마신다

해 줄 사람은 생각도 않는데 미리 넘겨짚고 행동한다는 뜻

상대방은 아무것도 해 줄 생각이 없는데, 자기 혼자 넘겨짚고 미리 무언가를 받길 바라거나, 다 된 줄로 알고 멋대로 행동할 때 쓰는 말이에요.

  생활 속에 속담이 뿜뿜!

동생이 이번 생일에 삼촌한테 용돈을 받으면
그 돈으로 무엇을 살지 계획하고 있을 때

"그러다 삼촌이 용돈을 안 주시면?
떡 줄 사람은 생각도 않는데 김칫국부터 마시는 거 아니야?"

학급 회장 후보인 친구가 이미 회장이 된 것처럼 행동할 때

"떡 줄 사람은 생각도 않는데 김칫국부터 마시네?
아직 투표도 안 했으니 진정해."

내가 그린 포스터를 보고 모두가 잘 그렸다고 해 줘서
당연히 상을 받을 줄 알았는데 못 받았을 때

"이럴 수가! 내가 대상일 줄 알았는데 김칫국부터 마셨네, 에잇!"

 이런 말도 있어요!

- 앞집 떡 치는 소리 듣고 김칫국부터 마신다
- 병아리가 부화하기 전에 닭의 수를 세지 마라 (외국 속담)
- 태어나지도 않은 아이에게 속옷을 지어 줄 수는 없다 (외국 속담)

13

아니 땐 굴뚝에 연기 날까

무슨 일이든 원인이 있어야 결과가 있다는 뜻

굴뚝은 불을 땔 때 연기가 빠져나가는 출구예요. 굴뚝은 불을 때야지만 연기가 생기지요. 이처럼 원인이 있어야 그에 맞는 결과가 생긴다는 말이에요.

생활 속에 속담이 뿡뿡!

유명한 남녀 배우가 사귄다고 소문이 났는데
몇 달 뒤에 실제로 두 사람이 결혼 발표를 했을 때

"그럼 그렇지. 아니 땐 굴뚝에 연기 나겠어?
그럴 만하니까 소문이 난 거지."

어떤 친구가 시험 때 커닝했다는 소문이 났는데
그것이 사실로 밝혀졌을 때

"처음엔 아니라고 잡아떼더니!
역시 아니 땐 굴뚝에서 연기 나진 않는 법!"

가짜 뉴스인데도 근거가 있을 거라고 생각하고 믿을 때

"누가 봐도 가짜 뉴스인데 '설마 아니 땐 굴뚝에 연기 나겠어?'
라며 믿는 사람들이 많더라."

 이런 말도 있어요!

- 아니 때린 장구 북소리 날까
- 뿌리 없는 나무에 잎이 필까
- 연기 나는 곳에 불이 난다 (외국 속담)

14

말이 씨가 된다

말하던 것이 실제로 이루어졌다는 뜻

평소에 늘 하던 말이나 무심코 던진 말이 실제로 이루어질 수 있으니 말조심하라는 뜻이에요. 항상 말을 가려서 해야 하고, 긍정적인 말을 자주 하는 게 좋아요.

 생활 속에 속담이 뿜뿜!

'시험을 망칠 것 같다'는 말을 계속했는데
실제로 낮은 성적이 나왔을 때
"말이 씨가 된다더니, 진짜로 시험을 망쳐 버렸네."

나중에 크면 올림픽에 나가 메달을 따겠다고 말했는데
실제로 세계적인 선수가 되어 금메달을 땄을 때
"세계 정상에 우뚝 서다니, 말이 씨가 됐어."

'자꾸 울면 바보 온달에게 시집간다'라는 말을 들은
평강 공주가 실제로 커서 온달과 결혼한다고 했을 때
"평강 공주가 진짜로 온달이랑 결혼할 줄이야.
말이 씨가 되었네!"

 이런 말도 있어요!

- 입이 재앙의 원인이다 (외국 속담)
- 어떤 말을 만 번 이상 되풀이하면 반드시 미래에 그 일이 이루어진다 (외국 속담)

개구리 올챙이 적 생각 못 한다

사정이 좋아진 사람이 어렵던 옛 시절을 생각하지 못한다는 뜻

개구리도 한때는 올챙이 시절이 있었듯이, 사람에게도 부족했던 모습의 과거가 있기 마련이에요. 따라서 항상 자신을 돌아보며 겸손해야 해요.

 생활 속에 속담이 뿜뿜!

축구를 매우 못하던 아이가 축구 교실을 다니며 실력이 늘어난 뒤
못하는 친구를 비웃었을 때

"개구리 올챙이 적 생각 못 하네.
몇 달 전만 해도 너는 쟤보다 더 못했어."

가난했던 사람이 부자가 되어 가난한 사람을 무시할 때

"자기가 힘들었던 때를 생각해서라도 저렇게 남을 무시하면 안 되지.
개구리 올챙이 적 생각 못 한다더니."

1학년 때 학교생활에서 실수를 많이 하던 아이가
고학년이 되자, 실수하는 1학년 아이를 놀릴 때

"개구리 올챙이 적 생각 못 한다더니, 너도 1학년 때 저랬어!"

 이런 말도 있어요!

- 상처가 아물면 그 아픔을 잊는다 (외국 속담)
- 개구리들은 자신들이 올챙이였던 사실을 잊는다 (외국 속담)
- 과두시대 (蝌 올챙이 과 蚪 올챙이 두 時 때 시 代 시대 대)
  ⋯▶ 개구리가 올챙이였던 때라는 뜻

16 가랑비에 옷 젖는 줄 모른다

아무리 작은 일이라도 그것이 계속 반복되면 큰일이 된다는 뜻

가랑비란 가늘게 내리는 비예요. 가랑비가 내리면 처음에는 옷이 젖는 줄 몰라요. 하지만 계속 맞으면 무시하지 못할 정도가 되지요.

 생활 속에 속담이 뿜뿜!

하나씩 사 모은 장난감이 어느덧 방 안 가득 쌓였을 때
"어이쿠, 이제 장난감 그만 사야지. 가랑비에 옷 젖는 줄 몰랐네."

매일 독서를 했더니, 일 년 동안 읽은 책이 수십 권이 됐을 때
"가랑비에 옷 젖는 줄 모른다고, 꾸준히 읽었더니 독서왕이 되었어!"

저금통에 하루에 오백 원씩 넣었는데
일 년 뒤에 열어 보니 큰돈이 쌓여 있을 때
"돈이 언제 이렇게 많이 모였지? 가랑비에 옷 젖는 줄 몰랐네."

 이런 말도 있어요!

- 물이 모이면 시내를 이룬다
- 물방울이 많이 모이면 큰물이 된다 (외국 속담)
- 적우침주 (積 쌓을 적 羽 깃 우 沈 잠길 침 舟 배 주)
  ⋯ 새의 깃이라도 쌓이고 쌓이면 배를 가라앉힐 수 있다는 뜻
- 수적천석 (水 물 수 滴 물방울 적 穿 뚫을 천 石 돌 석)
  ⋯ 떨어지는 물방울이 돌을 뚫는다는 뜻

믿는 도끼에 발등 찍힌다

잘될 것이라고 굳게 믿었던 일이 잘못되거나, 믿었던 사람에게 배신을 당하여 오히려 피해를 입는다는 뜻

당연히 잘될 거라고 기대했던 일이 안 되거나, 믿었던 사람에게 당하는 배신은 큰 상처를 남기지요. 이러한 일이 생기지 않게 항상 주의해야 해요.

 생활 속에 속담이 뿜뿜!

친하다고 생각했던 친구가 내 편을 들어 주지 않을 때
"넌 내 편일 거라고 믿었는데
완전히 믿는 도끼에 발등 찍힌 기분이야!"

차가 막힐까 봐 일부러 지하철을 탔는데
지하철이 고장 나서 약속 시간을 못 지켰을 때
"제시간에 가려고 지하철을 탔는데 고장이 나서 늦다니,
믿는 도끼에 발등 찍혔네."

친한 친구에게 털어놓은 비밀이 다른 친구에게 새 나갔을 때
"당연히 내 비밀을 지켜 줄 거라고 생각했는데
어떻게 내 발등을 찍을 수가 있어?"

 이런 말도 있어요!

- 믿었던 돌에 발부리 채였다
- 기르던 개에게 손을 물리다 (외국 속담)
- 지부작족(知알 지 斧도끼 부 斫벨 작 足발 족)
  ⋯ 믿는 도끼에 발등 찍힌다는 뜻

18

뱁새가 황새를 따라가면 다리가 찢어진다

힘에 겨운 일을 억지로 하면 해를 입는다는 뜻

작은 새인 뱁새는 아무리 빨리 걸어도 큰 새인 황새의 걸음을 쫓아가기 힘들어요. 자기 능력에 맞지 않게 과한 욕심을 부리면 위험할 수 있어요.

 생활 속에 속담이 뿜뿜!

친구가 수영을 잘하는 형들을 따라서
깊은 물에 들어갔다가 사고가 날 뻔했을 때
"아무나 깊은 물에 들어가면 안 돼.
뱁새가 황새 따라가다 다리 찢어진다는 말도 몰라?"

친구가 액션 배우를 따라 높은 곳에서 뛰어내렸다가 다리를 다쳤을 때
"뱁새가 황새 따라가면 다리 찢어져. 그런 건 아무나 하는 게 아니야."

학원에서 상위반에 등록했더니 수업이 너무 어려워서 못 따라갈 때
"으~ 괴로워! 하나도 못 알아듣겠어.
뱁새가 황새 따라가면 다리가 찢어진다더니."

  이런 말도 있어요!

- 송충이는 솔잎을 먹어야 한다
- 송충이가 갈잎을 먹으면 죽는다
- 씹을 수 있는 양보다 더 많이 씹었다 (외국 속담)
- 작학관보 (雀 참새 작 學 배울 학 鸛 황새 관 步 걸음 보)
  … 참새가 황새 걸음을 배운다는 뜻

19
도끼로 제 발등 찍는다

남에게 피해를 주려고 한 행동 때문에 자기가 피해를 본다는 뜻

다른 사람에게 피해를 주려고 한 행동에 오히려 내가 피해를 입은 경우를 말해요. 결과가 나쁜 이유가 내 탓인 셈이지요.

생활 속에 속담이 뿡뿡!

친구를 미끄러지게 하려고 바닥에 물을 뿌렸는데
도리어 내가 그 물을 밟아 미끄러졌을 때

"장난치려다가 결국 도끼로 내 발등 찍었네.
역시 마음을 곱게 써야 해."

동생 골탕 먹이려고 주먹밥 속에 매운 고추를 넣었는데
그 주먹밥을 실수로 내가 집어 먹었을 때

"으악! 바보같이 이걸 내가 먹다니! 도끼로 내 발등 찍었네!"

친구랑 베개 싸움을 하다가 베개를 크게 휘둘렀는데
실수로 내가 내 얼굴을 쳤을 때

"어이쿠, 아파! 도끼로 제 발등 찍었어!"

 이런 말도 있어요!

- 누워서 침 뱉기
- 제 꾀에 제가 넘어간다
- 자승자박 (自 스스로 자 繩 노끈 승 自 스스로 자 縛 묶을 박)
  … 자기가 만든 줄로 자신의 몸을 묶는다는 뜻

모르는 게 약이다

아는 것이 모르는 것보다 더 나쁠 때도 있다는 뜻

경우에 따라 무엇인가를 좀 알고 있으면 오히려 걱정거리가 많아져서 스트레스를 받을 때가 있어요. 차라리 아무것도 모르면 마음이 편하고 좋을 수도 있지요.

 생활 속에 속담이 뿜뿜!

위인전을 읽던 중, 원효 대사가 밤중에 마셨던 물이
해골에 담긴 물이었다는 사실을 깨닫는 장면을 읽을 때

"윽! 해골 물을 먹다니, 차라리 모르는 게 약이었겠다."

친구가 오래전 내 흉을 보았다는 걸 알게 된 뒤
그 친구와 사이가 나빠졌을 때

"모르는 게 약이라고, 차라리 몰랐다면 좋았을 텐데.
한번 마음이 상하니까 전처럼 지내기가 어려워."

놀다가 무릎이 까진 아이가
이러다 덧나서 병원에 입원한 사람을 텔레비전에서 봤다며 무서워할 때

"정말 아는 게 병이고, 모르게 약이네.
살짝 긁힌 거라 소독약만 발라도 괜찮아."

 이런 말도 있어요!

- 아는 게 병
- 모르는 것이 부처
- 식자우환 (識 알 식 字 글자 자 憂 근심 우 患 근심 환)
  ⋯ 아는 것이 오히려 근심이 된다는 뜻

가로세로 속담이 뿡뿡! ①

가로 문제

1. 뱁새가 ○○를 따라가면 다리가 찢어진다
2. 보고도 못 먹는다는 뜻의 사자성어
5. 달면 삼키고 쓰면 뱉는다는 뜻의 사자성어
7. 평소에 준비가 잘돼 있으면 나중에 걱정할 일이 없다는 뜻의 사자성어
8. 낫 놓고 ○○ ○도 모른다
10. ○○○에 옷 젖는 줄 모른다
11. ○○로 제 발등 찍는다
14. ○○가 길면 밟힌다
15. ○○○는 솔잎을 먹고 산다

세로 문제

1. ○○ 뒷걸음치다가 쥐 잡는다
3. 아는 것이 오히려 근심이 된다는 뜻의 사자성어
4. 쓴 것이 다하면 단 것이 온다는 뜻의 사자성어
6. ○○ 끝에 낙이 온다
9. 자기가 만든 줄로 자신의 몸을 묶는다는 뜻의 사자성어
10. ○○ ○이 고와야 오는 말이 곱다
11. ○○이 제 발 저리다
12. ○○○도 두들겨 보고 건너라
13. 개구리 ○○○ 적 생각 못 한다

21 빛 좋은 개살구

겉만 그럴듯하고 실속이 없다는 뜻

개살구란 살구보다 맛이 시고 떫은 열매예요. 겉에 있는 껍질은 먹음직스러운 빛깔을 띠고 있지만, 속에 있는 알맹이는 별로라는 말이지요. 기대했던 것보다 실속이 없을 때 주로 사용해요.

 생활 속에 속담이 뿜뿜!

이동 도서관이 온다고 해서 좋은 책이 있나 구경 갔더니
말만 도서관이고 책은 별로 없을 때

"차에는 크게 도서관이라고 붙어 있는데 책이 별로 없어.
완전 빛 좋은 개살구라니까."

포장이 크고 멋진 장난감을 샀는데
열어 보니 장난감이 볼품없고 허름할 때

"세상에, 겉만 번지르르하지 엄청 별로잖아?
빛 좋은 개살구가 따로 없네."

영화 예고편이 매우 재미있어서
큰 기대를 하고 영화관에 갔는데 재미가 없을 때

"영화 예고편에 속았네. 완전 빛 좋은 개살구였어."

 이런 말도 있어요!

- 속 빈 강정
- 번쩍인다고 모두 금은 아니다 (외국 속담)
- 외화내빈 (外 바깥 외 華 빛날 화 內 안 내 貧 가난할 빈)
  ⋯ 겉은 화려하나 속은 비었다는 뜻

22

방귀 뀐 놈이 성낸다

자기가 방귀를 뀌고 오히려 다른 사람에게 화를 낸다는 뜻

잘못을 저지른 사람이 오히려 다른 사람에게 화를 내는 모습을 비꼬는 말이에요.

 생활 속에 속담이 뿡뿡!

경기에서 반칙을 한 선수가 심판에게 도리어 화를 낼 때

"방귀 뀐 놈이 성낸다더니,
반칙을 해서 반칙이라고 말하는데 왜 화를 낼까?"

잠시 자리를 비운 사이에 오빠가 내 과자를 다 먹어 버려서
뭐라고 했더니, 오히려 나에게 화를 낼 때

"미안하다는 말은 못할망정 왜 화를 내?
방귀 뀐 놈이 성낸다더니, 흥!"

우리 밭에서 수박 서리하던 여행객들을 잡았는데
오히려 우리더러 정 없다며 화를 낼 때

"우리 수박 몰래 가져가 놓고, 방귀 뀐 놈이 성을 내네."

 이런 말도 있어요!

- 똥 싸고 성낸다
- 도둑이 매를 든다
- 적반하장(賊 도둑 적 反 돌이킬 반 荷 멜 하 杖 지팡이 장)
  ⋯ 도둑이 도리어 몽둥이를 든다는 뜻

23

나무를 보고 숲을 보지 못한다

부분만 보고 전체는 보지 못한다는 뜻

작은 것에 신경 쓰느라 더 큰 것이나 전체적인 흐름을 놓칠 때 사용해요. 어느 한 부분만 생각하는 것보다 전체를 살펴보는 것이 중요해요.

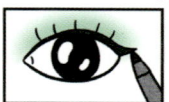
아이섀도에 아이라인은 길게~~

입술까지 바르면 끝!

핑크빛 볼 터치~

하나하나는 완벽했는데…….
왜 이래?

꺅! 언니 도깨비 같아!

생활 속에 속담이 뿜뿜!

음식값이 싸서 기분 좋게 시켰는데,
너무 많이 시켜서 돈이 엄청 많이 나왔을 때

"싸다고 많이 시켰더니, 다른 때보다 음식값이 훨씬 더 나왔어.
나무만 보고 숲을 못 봤네."

제일 싼 공책을 샀더니 종이가 몇 장 되지 않아서
오히려 비싼 공책을 산 것보다 손해일 때

"나무는 보고 숲은 보지 못한다더니,
가격만 보고 사니까 오히려 손해를 보았어."

길을 넓히려고 가로수를 다 베었더니, 공기가 나빠졌을 때

"공기가 나빠지는 걸 생각 못 했지 뭐야.
이게 다 나무만 보고 숲을 보지 못했기 때문이라고."

이런 말도 있어요!

- 우물 안 개구리
- 이관규천 (以 써 이 管 대롱 관 窺 엿볼 규 天 하늘 천)
  ⋯▸ 작은 대롱 구멍으로 하늘을 본다는 뜻

24

목마른 놈이 우물 판다

제일 급한 사람이 그 일을 서둘러 하게 된다는 뜻

급한 일이 아니라면 굳이 서두를 필요가 없겠지요. 따라서 마음이 급한 사람이 제일 먼저 서둘러 그 일을 하게 된다는 말이에요.

 **생활 속에 속담이 뿡뿡!**

숙제를 출력해야 해서 오래전에 고장 난 프린터를
고쳐 와야 할 때

"목마른 놈이 우물 판다고, 프린터를 당장 써야 하니
내가 가서 고쳐 와야겠군."

부모님이 여행 가서서 직접 밥을 해 먹어야 할 때

"목마른 놈이 우물 판다고, 배고픈 사람이 밥해 먹는 거지 뭐."

밤사이 눈이 많이 내린 날, 운전해서 출근하는 아빠가
아침 일찍 일어나 골목길 눈을 치울 때

"누가 눈을 치워 줄 때까지 기다릴 수 없으니
내가 치우는 수밖에. 목마른 놈이 우물 파야지."

 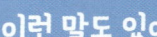 

- 갑갑한 놈이 송사(소송)한다
- 과일을 먹을 사람이 나무에 올라가야 한다 (외국 속담)
- 갈이천정 (渴 목마를 갈 而 말 이을 이 穿 뚫을 천 井 우물 정)
  … 목이 말라야 비로소 샘을 판다는 뜻

뛰는 놈 위에 나는 놈 있다

아무리 재주가 뛰어나도 더 뛰어난 사람이 있다는 뜻

이 세상에는 나보다 실력이 더 뛰어난 사람이 있을 수 있으니 항상 잘난 척하지 말고 겸손한 마음을 가져야 해요.

 **생활 속에 속담이 뿜뿜!**

학교에서 달리기가 제일 빨라 전국 육상 대회에 나갔는데
꼴찌를 했을 때
"뛰는 놈 위에 나는 놈 있다더니, 나보다 잘 뛰는 애들이 많네."

PC 게임을 하면 항상 이기던 친구가
어느 날 전학 온 친구와의 게임에서 졌을 때
"나보다 잘하는 애가 있다니! 뛰는 놈 위에 나는 놈이잖아?!"

게임 카드를 스무 장이나 모았다고 친구에게 자랑했더니,
그 친구는 서른 장을 모았다고 자랑할 때
"나보다 열 장이나 더 모았다고?
뛰는 놈 위에 나는 놈 있다더니!"

 **이런 말도 있어요!**

- 기는 놈 위에 나는 놈 있다
- 위에는 그 위가 있다 (외국 속담)
- 파란색보다 더 파란색이 있을 수 있다 (외국 속담)

26

발 없는 말이 천 리 간다

말은 쉽게 빨리 퍼지므로 말조심을 해야 한다는 뜻

소문은 여러 사람에게 빠르게 전달돼요. 그러므로 어디서든지 말을 할 때는 주의해야 해요.

 생활 속에 속담이 뿜뿜!

친한 친구 몇 명에게만 자신의 시험 점수를 말했는데,
다음 날 반 친구들 대부분이 알고 있을 때

"세상에, 모두가 알잖아? 정말 발 없는 말이 천 리를 가네."

친구에게 장난으로 내일 급식에 케이크가 나온다고 거짓말을 했는데,
그 소문이 순식간에 전교생에게 퍼졌을 때

"헉! 발 없는 말이 천 리 간다더니, 소문이 진짜 빨리 퍼지네."

친구와 통화하며 다른 친구의 흉을 보았는데,
엄마가 이를 듣고 타이를 때

"방금 네가 통화한 내용을 내일 그 친구가 알게 될 수도 있어.
발 없는 말이 천 리 간다고."

 이런 말도 있어요!

- 벽에도 귀가 있다
- 한번 내뱉은 말은 어디든지 날아간다
- 언비천리 (言말씀 언 飛날 비 千일천 천 里마을 리)
  … 말이 천 리를 날아간다는 뜻

바늘 가는 데 실 간다

바늘이 가는 곳을 실이 항상 뒤따른다는 뜻

실은 바늘이 지나간 곳을 항상 뒤따라가요. 이처럼 가까운 관계에 있는 사람이나 물건이 항상 함께 다니는 것을 비유한 말이에요.

 **생활 속에 속담이 뿜뿜!**

햄버거를 시키면서 콜라도 함께 주문할 때

"햄버거엔 당연히 콜라 아니야? 바늘 가는 데 실도 가야지."

대단히 친한 두 친구가 항상 함께 다닐 때

"역시 바늘 가는 데 실 간다고, 단짝이라 늘 붙어 있네."

수학여행을 갔는데, 친구가 칫솔만 챙기고 치약을 안 가져왔을 때

"바늘 가는 데 실 간다고,
칫솔을 챙겼으면 당연히 치약도 챙겼어야지!"

최근 연애를 시작한 친구가
항상 남자 친구와 같이 다니는 모습을 보았을 때

"걔네 둘은 바늘 가는 데 실 가듯이 항상 붙어 다니더라."

 이런 말도 있어요!

- 봉 가는 데 황 간다
- 바람 가는 데 구름 간다
- 구름 갈 제 비가 간다

등잔 밑이 어둡다

가까이에 있는 것이 오히려 더 안 보인다는 뜻

등잔이란 기름을 담아 불을 켜는 데 사용하던 물건이에요. 불이 켜진 등잔의 바로 밑부분은 그림자가 져서 어둡지요. 이처럼 가장 가까이에 있지만 잘 보이지 않을 때 사용하는 속담이에요.

 생활 속에 속담이 뿜뿜!

한참을 찾아도 안 보이던 지우개를 책상에서 발견했을 때
"등잔 밑이 어둡다더니, 코앞에 있는데 못 봤네."

스마트폰이 없어진 줄 알고 한참을 찾았는데
알고 보니 내 손에 있었을 때
"어휴, 스마트폰을 손에 들고서 찾고 있었다니,
정말 등잔 밑이 어둡잖아?!"

혼자서 유명 그룹의 팬클럽 회원으로 활동하고 있었는데,
알고 보니 가장 친한 친구도 그 그룹의 팬클럽 회원이었을 때
"너도 방패소년단 팬클럽이었어? 등잔 밑이 어둡다더니!"

 이런 말도 있어요!

- 업은 아이 삼 년 찾는다
- 가까운 제 눈썹 못 본다
- 등하불명 (燈 등 下 아래 하 不 아닐 불 明 밝을 명)
  ⋯ 등잔 밑이 어둡다는 뜻

군말이 많으면 쓸 말이 적다

하지 않아도 될 말을 많이 하면 그만큼 쓸 말은 적다는 뜻

군말이란 하지 않아도 될, 쓸데없이 덧붙이는 군더더기 말이에요. 말을 많이 하면 정작 쓸 만한 말은 적어요. 그러니 평소에 꼭 필요한 말만 하는 게 좋아요.

 생활 속에 속담이 뿜뿜!

친구에게 숙제를 물어보려고 전화했는데
수다만 떨다가 끊었을 때

"군말이 많으면 쓸 말이 적다더니,
해야 할 말은 못 하고 수다만 떨다 끊었네."

학급 회의 때 아이들이 온갖 이야기를 나누었으나
결론을 맺지 못하고 회의가 끝났을 때

"오늘 회의는 시간 낭비였어. 군말이 많으니까 쓸 말이 없잖아."

학생회장 후보들이 연설을 길게 하는데 좋은 공약이 없을 때

"군말이 많으면 쓸 말이 적다고, 뭔가 말은 길게 했는데
우리한테 도움이 될 만한 공약은 하나도 없었어."

이런 말도 있어요!

- 말이 많으면 실언이 많다
- 두 번째 말이 싸움을 일으킨다 (외국 속담)
- 다언삭궁 (多 많을 다 言 말씀 언 數 자주 삭 窮 궁할 궁)
  ⋯ 말이 많으면 곤란한 일이 자주 생긴다는 뜻

30

코에 걸면 코걸이
귀에 걸면 귀걸이

자신에게 이로운 쪽으로 이유를 붙인다는 뜻

정당한 원인이나 이유 등을 들지 않고, 자기에게 이로운 대로 설명하는 경우에 사용해요. 상황에 따라, 보는 시각에 따라 이렇게 되기도 하고 저렇게 되기도 한다는 의미로도 사용해요.

이거 굉장히 비싸고 좋은 코걸이예요. 누구든 이걸 걸면 예쁜 코로 보인답니다. 오직 코를 위한 액세서리지요.

정말요? 어디 한번 해 볼까요?

근데 이거 귀에 해도 예쁜 것 같아요!

어머, 정말 잘 보셨어요! 이거 사실 굉장히 좋은 귀걸이예요. 원래 귀를 위한 액세서리거든요.

 생활 속에 속담이 뿜뿜!

어젯밤 꾸었던 꿈 이야기를 들려주니
누구는 좋은 꿈이라고 하고, 누구는 나쁜 꿈이라고 할 때
"코에 걸면 코걸이 귀에 걸면 귀걸이라더니, 해석하기 나름이네."

아빠가 우리 먹으라고 사 왔던 음식을 도로 가져가 엄마에게 주며
엄마를 위해 사 왔다고 말을 바꿀 때
"언제는 우리 먹으라고 사 온 거라며?
완전 코에 걸면 코걸이 귀에 걸면 귀걸이!"

피구를 하는데, 상대 팀 친구가 자기 옷에 공이 맞은 건 아웃이
아니라고 하고, 우리 팀 친구의 옷에 맞은 건 아웃이라고 우길 때
"네 옷에 맞은 건 괜찮고, 남의 옷에 맞은 건 아웃이라고?
피구 규칙이 코에 걸면 코걸이고 귀에 걸면 귀걸이니?"

  이런 말도 있어요!

- 엿장수 마음대로
- 이현령비현령 (耳 귀 이 懸 달 현 鈴 방울 령 鼻 코 비 懸 달 현 鈴 방울 령)
  ⋯ 귀에 걸면 귀걸이 코에 걸면 코걸이라는 뜻

31
팔 고쳐 주니 다리 부러졌다 한다

다른 사람에게 연이어서 무리한 요구를 한다는 뜻

다른 사람의 도움을 받은 뒤에도 뻔뻔하게 계속 상대에게 원하는 것을 말하는 상황이에요. 고마움을 모른 채 생트집을 부리는 것이지요.

 생활 속에 속담이 뿜뿜!

친구의 잃어버린 필통을 찾아 주었더니
필통 속 연필이 다 사라졌다며 연필을 내놓으라고 말할 때

"팔 고쳐 주니 다리 부러졌다고 하는 격이네.
내가 필통을 발견했을 때는 연필이 하나도 없었어."

친구가 숙제 좀 보여 달라고 해서 보여 주었더니
할 시간이 없다며 아예 대신 써 달라고 할 때

"팔 고쳐 주니 다리 부러졌다 한다더니, 너무 뻔뻔하잖아."

거실이 지저분해서 깨끗하게 청소해 놨더니
그 모습을 본 형이 화장실도 청소하라고 시킬 때

"팔 고쳐 주면 다리 부러졌다고 한다더니,
거실은 내가 치웠으니까 화장실은 형이 해!"

 이런 말도 있어요!

- 물에 빠진 놈 건져 놓으니까 내 봇짐 내라 한다
- 기차당우차방 (旣 이미 기 借 빌릴 차 堂 마루 당 又 또 우 借 빌릴 차 房 방 방)
  → 마루를 빌려주니 안방까지 차지하려 든다는 뜻

32

드문드문 걸어도 황소걸음

속도는 느리지만 믿음직스럽고 알차다는 뜻

황소걸음이란 어떤 행동을 착실하게 해 나갈 때의 모습을 비유적으로 나타낸 말이에요. 즉, 속도는 느리지만 그 모습이나 결과물이 착실해서 믿음직스러울 때 쓰는 속담이지요.

 생활 속에 속담이 뿜뿜!

사촌 언니가 사법 시험에 합격했다는 소식을 들었을 때

"역시 드문드문 걸어도 황소걸음이라고,
방 안에 진득하니 앉아 공부할 때부터 잘될 줄 알았지."

패스트푸드보다 한식을 더 좋아할 때

"음식이 빨리 나온다고 좋은 게 아니지.
드문드문 걸어도 황소걸음이라고, 한식이 훨씬 더 알차고 좋아."

백일장에서 제일 늦게까지 글을 다듬어
마지막으로 낸 아이가 대회에서 1등을 했을 때

"대충 써서 낸 애들과는 비교가 안 될 정도로 잘 썼대.
걘 역시 드문드문 걸어도 황소걸음이야."

 이런 말도 있어요!

- 느릿느릿 걸어도 황소걸음
- 띄엄띄엄 걸어도 황소걸음
- 호시우보 (虎범호 視볼시 牛소우 步걸음보)
  ⋯ 범처럼 예리하게 보고 소처럼 착실하게 걷는다는 뜻

33

벼 이삭은 익을수록 고개를 숙인다

생각이 깊고 덕이 높은 사람일수록 남 앞에서 겸손하다는 뜻

사람은 많이 배우고 깨달은 것이 많을수록 겸손해요. 또 훌륭한 사람은 잘난 척하지 않고, 다른 사람 앞에서 자신을 낮출 줄 알지요.

 생활 속에 속담이 뿜뿜!

올림픽에서 금메달을 딴 선수가
'주변에서 도와준 분들과 국민들의 응원 덕분에 우승했다'며
겸손하게 인터뷰하는 것을 보았을 때
"벼 이삭은 익을수록 고개를 숙인다더니, 정말 훌륭한 선수야."

유명 배우가 남몰래 봉사 활동을 다닌다는 기사를 보았을 때
"돈 많고 인기 있다고 떵떵거리며 살 줄 알았는데 아니네?
역시 벼 이삭은 익을수록 고개를 숙이는구나."

반에서 1등을 한 아이가 자랑을 늘어놓으며
공부 못하는 친구를 무시하는 것을 보았을 때
"벼 이삭은 익을수록 고개를 숙인다는데,
쟨 왜 저렇게 잘난 척이야?"

 이런 말도 있어요!

- 병에 찬 물은 저어도 소리가 나지 않는다
- 능력 있는 매는 발톱을 숨긴다 (외국 속담)

34

우물에 가 숭늉 찾는다

일의 순서도 모르고 성급하게 덤빈다는 뜻

모든 일에는 순서가 있는 법인데, 성질이 급하여 이를 무시하고 재촉하거나 서두른다는 말이에요.

 **생활 속에 속담이 뿜뿜!**

동생이 계란을 보면서 언제 닭고기를 먹을 수 있느냐 물을 때

"암탉이 계란을 품고, 계란에서 병아리가 나오고,
병아리가 자라야 닭이 된다고. 얘가 우물에 가서 숭늉 찾고 있네."

수학 백 점 맞으면 엄마가 새 스마트폰을 사 준다고 해서
미리 어떤 걸 살지 골라 엄마한테 알려 줬을 때

"벌써? 우물에 가 숭늉 찾는다더니!
알았으니까 먼저 백 점 맞고 와서 얘기해."

이제 막 집짓기를 시작해서 겨우 기초만 놓았는데,
동생이 방의 벽지 색깔을 고민하고 있을 때

"우물에 가 숭늉 찾고 있네. 일단 집부터 다 짓고,
그다음에 벽지 색깔을 걱정해도 늦지 않아."

  **이런 말도 있어요!**

- 콩밭에 가서 두부 찾는다
- 송곳도 끝부터 들어간다
- 싸전(쌀가게)에 가서 밥 달라고 한다
- 돼지 꼬리 잡고 순대 달란다 (북한 속담)

바늘 도둑이 소도둑 된다

작은 나쁜 짓을 계속 반복하면 큰 죄를 저지르게 된다는 뜻

바늘을 계속 훔치던 사람이 결국에는 소까지도 훔치게 된다는 말이에요. 아무리 사소한 일이라도 나쁜 짓을 계속 반복하면 나중에는 큰 범죄를 저지르게 된답니다.

 생활 속에 속담이 뿡뿡!

엄마 지갑에서 천 원을 훔쳤다가 들통났을 때

"엄마 지갑에 손을 대다니 혼 좀 나야겠다.
바늘 도둑이 소도둑 되는 법이야!"

배고파서 빵을 훔친 소년을 혼내 주려고 할 때

"바늘 도둑이 소도둑 된다지만,
처음이니 용서해 주세요."

여름밤에 재미로 남의 밭에서 참외를 한두 개 따 먹다가
나중에는 너무 많이 따 가서 경찰에게 붙잡혔을 때

"한두 개는 장난이지만 이렇게 많이 따 가면 큰 범죄야.
바늘 도둑이 아니라 소도둑이 된 거라고."

 이런 말도 있어요!

- 개가 겨(곡식의 껍질)를 먹다가 말경 쌀을 먹는다
- 바늘 쌈지(작은 주머니)에서 도둑이 난다
- 침도도우 (針 바늘 침 盜 도둑 도 盜 도둑 도 牛 소 우)
  ⋯› 바늘 도둑이 소도둑 된다는 뜻

사람은 얼굴보다 마음이 고와야 한다

겉모습이 잘난 것보다 마음씨가 훌륭한 것이 더 중요하다는 뜻

외모가 잘생기고 예쁜 것보다 눈에 보이지 않는 사람의 생각과 마음 등이 더 중요하다는 말이에요.

 생활 속에 속담이 뿜뿜!

아름다운 새 왕비가 백설 공주를 없애려는 장면을 볼 때

"사람이 얼굴보다 마음이 고와야지.
질투에 눈이 멀어 몹쓸 짓을 저지르다니, 쯧쯧!"

얼굴은 예쁜데 마음 씀씀이가 못된 친구가
학급 친구들에게 미움을 받을 때

"사람은 얼굴보다 마음이 고와야지.
아무리 예뻐도 쟤는 너무 이기적이라 친하게 못 지내겠어."

멋진 외모로 인기가 굉장했던 연예인이
몹쓸 짓을 저질러 많은 사람에게 비난받을 때

"아무리 잘생겨도 저런 나쁜 사람을 누가 좋아하겠어?
역시 사람은 얼굴보다 마음이 고와야 해."

  이런 말도 있어요!

- 꽃이 향기로워야 벌 나비도 쉬어 간다
- 마음씨가 고우면 옷 앞섶이 아문다
- 얼굴이 고와도 마음씨는 고약할 수 있다 (외국 속담)

개똥도 약에 쓰려면 없다

흔히 볼 수 있는 물건도 막상 필요할 땐 없다는 뜻

신문지나 비닐봉지처럼 평소에 쉽게 구할 수 있는 물건이더라도 막상 필요해서 찾으면 구하기 어려울 때 사용하는 속담이에요.

 **생활 속에 속담이 뿜뿜!**

미술 시간에 쓸 신문지가 필요한데, 아무리 찾아도 없을 때

"개똥도 약에 쓰려면 없다더니
매일 굴러다니던 게 지금은 안 보이네."

집에 항상 고무줄이 굴러다녔는데
머리카락을 묶으려고 하니 안 보일 때

"그 많던 고무줄이 다 어디 갔지?
개똥도 약에 쓰려면 없다더니 정말 없어."

컵라면을 먹으려는데 나무젓가락이 안 보일 때

"개똥도 약에 쓰려면 없다더니
어떻게 그 흔한 나무젓가락이 하나도 없지?"

 이런 말도 있어요!

- 까마귀 똥도 약에 쓰려면 오백 냥이라
- 고양이 똥도 약에 쓰려면 없다 (북한 속담)
- 술과 음식을 함께 먹을 친구는 많지만, 정작 급할 때 도와주는 친구는 한 명도 없다 (명심보감)

38

구더기 무서워 장 못 담글까

방해되는 것이 있어도 해야 할 일은 마땅히 해야 한다는 뜻

구더기는 파리의 애벌레예요. 구더기가 생길까 봐 된장을 안 만든다면 우리는 영원히 된장을 못 먹겠지요. 즉, 약간의 문제가 생길지라도 해야 할 일은 꼭 해야 해요.

 **생활 속에 속담이 뿜뿜!**

동생이 알약이 목에 걸릴까 봐 약을 먹지 않고 있을 때

"구더기 무섭다고 장 못 담그면 되겠니?
약을 먹어야 병이 나을 테니 어서 먹어."

생태 공원으로 체험 학습을 갔는데
벌레에 물릴까 봐 친구가 풀밭에 못 올라가고 있을 때

"벌레 때문에 꼼짝없이 거기 서 있을 셈이야?
구더기 무서워 장 못 담그는 격이잖아."

친구가 미세 먼지를 피하려고 하루 종일 방에만 있을 때

"구더기 무서워 장 못 담근다더니!
환기 안 되는 방에 계속 있는 것도 미세 먼지만큼 몸에 나빠."

 이런 말도 있어요!

- 범 무서워 산에 못 가랴
- 장마가 무서워 호박을 못 심겠다
- 참새가 허수아비 무서워 나락(벼) 못 먹을까
- 모험하지 않으면 얻을 게 없다 (외국 속담)

뿌리 깊은 나무 가뭄 안 탄다

무엇이나 근원이 깊고 튼튼하면 어떤 시련도 견뎌 낸다는 뜻

땅속 깊이 뿌리를 내린 나무는 물이 부족한 가뭄에도 잘 버텨요. 이처럼 기본이 튼튼하면 어려움을 잘 견뎌 낸다는 의미랍니다.

생활 속에 속담이 뿜뿜!

사칙 연산을 잘하는 친구가
학년이 올라 수학이 어려워져도 수학을 잘할 때

"수학 기본기가 튼튼하니까 잘 따라가는구나.
역시 뿌리 깊은 나무는 가뭄을 안 탄다니까."

갑작스러운 사고로 다리를 다쳤는데
평소 건강 관리를 잘해서 부상을 빨리 이겨 내고 나았을 때

"원래 건강해서 상처도 금방 낫고 체력도 빨리 회복했어.
뿌리 깊은 나무는 가뭄이 와도 잘 견뎌 낸다니까."

큰 지진이 일어났으나 우리 집은 기초가 튼튼해서 안 무너졌을 때

"뿌리 깊은 나무는 가뭄 안 탄다더니,
기초가 튼튼하고 내진 설계가 잘되어 있어서 다행이야."

 이런 말도 있어요!

- 뿌리가 깊으면 바람을 두려워할 이유가 없다 (외국 속담)
- 본립도생 (本_{근본} 본 立_설 립 道_길 도 生_날 생)
  ⋯ 기본이 바로 서면, 길이 자연스럽게 생긴다는 뜻

까마귀 날자 배 떨어진다

아무 관계 없는 일이 공교롭게 동시에 일어나 관계가 있는 것처럼 의심을 받는다는 뜻

아무 상관 없는 두 일이 우연히 같은 순간에 일어나면 관련이 있다고 의심할 거예요. 이런 오해를 받으면 매우 억울하겠지요.

 생활 속에 속담이 뿜뿜!

친구가 시험 중에 어깨가 아파 기지개를 켰는데
선생님으로부터 커닝하는 것으로 오해를 샀을 때
"그러니까 왜 시험 볼 때 기지개를 켰어.
까마귀 날자 배 떨어진다는 말도 몰라?"

신발 밑창에서 삑 소리가 났는데 마침 이상한 냄새가 나자
친구가 방귀 뀌었냐며 놀릴 때
"까마귀 날자 배 떨어진다더니, 진짜 억울하네."

촬영이 금지된 박물관에서 잠깐 스마트폰을 봤는데
직원이 사진을 찍은 것으로 오해하여 주의를 줬을 때
"휴, 완전 까마귀 날자 배 떨어진 격인데요.
저 사진 찍은 거 아니에요. 문자 보낸 거예요."

  이런 말도 있어요!

- 참외밭(오이밭)에서 신발 끈 매지 마라
- 오비이락(烏 까마귀 오 飛 날 비 梨 배나무 이 落 떨어질 락)
  ⋯ 까마귀 날자 배가 떨어진다는 뜻

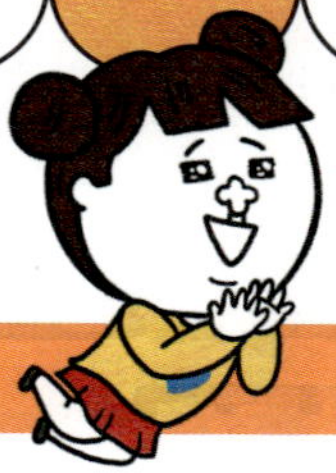

가로세로 속담이 뿜뿜! ❷

①				②				③	④
							⑤		
		⑥							
⑦						⑧			
								⑨	
					⑩				
⑪									
		⑫			⑬			⑭	
⑮						⑯			

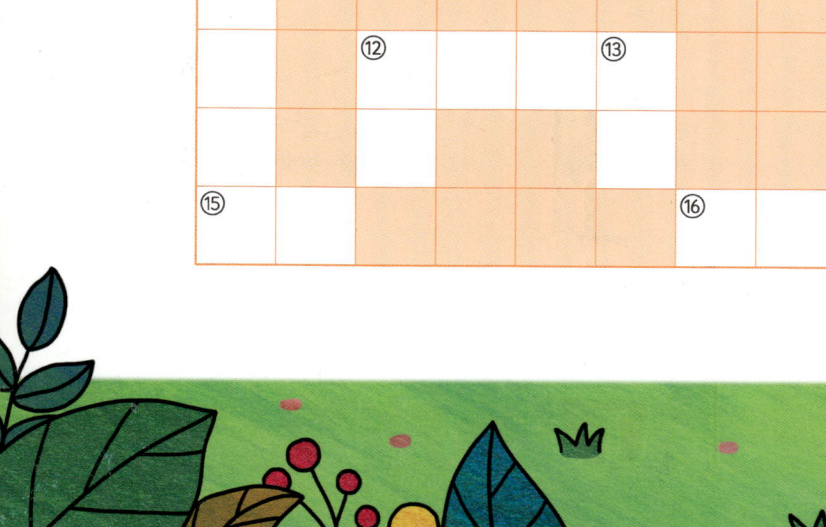

가로 문제

1. 빛 좋은 ○○○
2. 뛰는 놈 위에 ○○ ○있다
3. ○○ 밭에서 신발 끈 매지 마라
7. 도둑이 도리어 몽둥이를 든다는 뜻의 사자성어
8. ○○ 뀐 놈이 성낸다
10. 드문드문 걸어도 ○○○○
12. 작은 대롱 구멍으로 하늘을 본다는 뜻의 사자성어
15. ○○에 가 숭늉 찾는다
16. 아무 관계 없는 일이 공교롭게 동시에 일어나 관계가 있는 것처럼 의심을 받는다는 뜻의 사자성어

세로 문제

1. ○○도 약에 쓰려면 없다
2. ○○를 보고 숲을 보지 못한다
4. 겉은 화려하나 속은 비었다는 뜻의 사자성어
5. ○○○ 날자 배 떨어진다
6. 등잔 밑이 어둡다는 뜻의 사자성어
9. 사람은 얼굴보다 ○○이 고와야 한다
11. 바늘 도둑이 소도둑 된다는 뜻의 사자성어
12. 벼 ○○은 익을수록 고개를 숙인다
13. 발 없는 말이 ○ ○ 간다
14. 코에 걸면 ○○○ 귀에 걸면 귀걸이

시작이 반이다

무슨 일이든 시작하는 게 어렵지, 마치는 것은 어렵지 않다는 뜻

일단 한번 시작하면 반 이상 한 것이나 다름없다는 말이에요. 백번 마음먹어도 시작하지 않으면 아무 일도 일어나지 않으니까요.

 생활 속에 속담이 뿜뿜!

책이 너무 두꺼워서 읽지 않으려고 하는 친구에게
첫 부분이라도 읽어 보라고 권할 때

"시작이 반이라는 말도 있잖아.
일단 처음 몇 장만 읽어 봐. 그다음은 술술 읽힐 거야."

앞으로 열심히 공부하기로 마음먹고 문제집을 살 때

"시작이 반이랬어.
문제집을 샀으니 이제 열심히 푸는 일만 남았네!"

비만인 친구가 건강을 위해 운동을 시작할 때

"시작이 반이라고 하잖아. 시작했다는 게 중요한 거야.
운동 열심히 해, 친구야!"

 이런 말도 있어요!

- 모든 시작은 어렵다 (외국 속담)
- 준비를 잘하면 절반은 한 것이다 (외국 속담)
- 첫걸음이 항상 가장 어려운 법이다 (외국 속담)
- 좋은 시작을 한 사람은 일의 절반에 도달한 것이다 (외국 속담)

42

차면 넘친다

정도에 지나치면 도리어 불완전하게 된다는 뜻

그릇에 물을 계속 부으면 밖으로 흘러넘치듯이, 한계를 벗어나면 오히려 불완전해진다는 말이에요. 또한 무슨 일이든지 크게 번성하면 다시 세력이 점점 줄어서 약해진다는 뜻도 있어요.

참기름 향이 좋아서 비빔밥에 참기름을 많이 넣었더니
기름 맛만 나고 맛이 없어졌을 때

"차면 넘친다더니, 맛이 이상해졌어. 참기름 좀 적당히 넣을걸."

동생이 덥다며 아이스크림과 탄산음료를 많이 먹은 뒤 배탈이 났을 때

"너무 덥다고 찬 것을 많이 먹으면 탈이 날 수 있어.
차면 넘치는 법이거든."

어항 속 물고기가 사료를 잘 먹어서 많이 넣어 주었더니
물이 너무 흐려지면서 몇 마리 죽었을 때

"먹이를 많이 준다고 잘 자라는 건 아니야.
차면 넘친다는 말 들어 봤지? 무엇이든 정도껏 해야 해."

- 달도 차면 기운다
- 열흘 붉은 꽃이 없다
- 과유불급 (過 지날 과 猶 오히려 유 不 아닐 불 及 미칠 급)
  ⋯ 지나친 것은 미치지 못한 것과 같다는 뜻

좋은 농사꾼에게는 나쁜 땅이 없다

모든 일은 자기가 어떻게 하느냐에 달렸다는 뜻

아무리 나쁜 땅이라도 논밭을 정성껏 일구면 좋은 땅으로 만들 수 있어요. 즉 모든 일은 자기가 어떻게 하느냐에 따라 결과가 달라질 수 있답니다.

생활 속에 속담이 뿡뿡!

시험을 망친 아이가 문제가 이상했다고 투덜거릴 때

"좋은 농사꾼에게 나쁜 땅은 없는 법이야.
공부를 열심히 했더라면 시험을 잘 봤을 거라고."

육상 대회에서 구멍 난 운동화를 신고 달린 선수가
비싼 선수용 운동화를 신은 선수들을 제치고 우승했을 때

"좋은 농사꾼에게는 나쁜 땅이 없다더니,
역시 열심히 훈련한 선수는 열악한 환경에서도 잘 달리네."

요리사 삼촌이 냉장고에 있는 평범한 재료를 이용하여
레스토랑에서 팔 것 같은 맛있는 음식을 만들어 냈을 때

"집에 있는 재료로 이런 맛있는 요리를 만들다니,
역시 좋은 농사꾼에게 나쁜 땅은 없다니까."

 이런 말도 있어요!

- 글 잘 쓰는 사람은 필묵(붓과 먹)을 탓하지 않는다
- 서투른 목수가 장비 탓한다 (외국 속담)
- 춤 못 추는 사람이 음악 탓한다 (외국 속담)

44

참는 자에게 복이 있다

억울하거나 힘든 일이 있어도 참는 것이 좋을 때가 있다는 뜻

억울하고 화나는 일이 있어도 상황에 따라서는 꾹 참고 견디는 것이 가장 좋은 방법이라는 뜻이에요.

 생활 속에 속담이 뿜뿜!

시험 전에 게임을 너무너무 하고 싶었으나
꾹 참고 교과서를 한 번 더 보았다가 몇 문제 더 맞았을 때

"놀고 싶은 마음을 꾹 참고 한 글자라도 더 봤더니
시험을 잘 보았어. 역시 참는 자에게 복이 오는구나."

친구와 싸움이 나기 전에 꾹 참고 넘겼더니
나중에 그 친구가 사과하며 미안하다고 했을 때

"그때 너와 싸웠으면 지금처럼 화해하기 힘들었을 거야.
참는 자에게 복이 있다더니, 좋은 친구를 잃지 않아 다행이다."

열심히 저축했더니 엄마가 기특하다며 선물을 사 주셨을 때

"돈을 허튼 곳에 안 쓰고 잘 모았더니 큰 선물이 생겼어!
역시 참는 자에게 복이 있긴 있네."

 이런 말도 있어요!

- 고생 끝에 낙이 온다
- 인내는 미덕이다 (외국 속담)
- 인지위덕 (忍참을인 之갈지 爲할위 德덕덕)
  ⋯ 참는 것으로 인하여 덕을 이룬다는 뜻

45

소문난 잔치에 먹을 것 없다

사실이 소문과 다르게 별 볼 일 없다는 뜻

소문난 잔치라 사람들이 잔뜩 기대하고 갔는데 먹을 게 별로 없다면 실망이 크겠지요. 이처럼 기대에 비해 실속이 없거나 실제와 다를 때 사용해요.

 생활 속에 속담이 뿜뿜!

유명한 배우들이 많이 출연한 영화라 기대가 컸는데
실제로 보니 재미없을 때

"소문난 잔치에 먹을 것 없다더니, 기대했던 것보다 재미없네."

맛집이라고 소문난 가게에 찾아갔는데 음식이 맛없을 때

"맛집이라더니 엄청 맛없네!
소문난 잔치에 먹을 것 없다더니……."

세계 최고의 두 권투 선수가 맞붙었는데
경기 내내 서로 눈치만 보며 피하다 무승부로 끝났을 때

"소문난 잔치에 먹을 것 없다더니,
되게 싱겁게 끝났잖아."

 이런 말도 있어요!

- 빛 좋은 개살구
- 속 빈 강정
- 소문난 잔치 비지떡이 두레 반이라
- 이름난 잔치 배고프다
- 명소에 볼 것 없다 (외국 속담)

46

수박 겉 핥기

사물의 속 내용은 모르고 겉만 건드린다는 뜻

수박을 먹을 때 알맹이는 먹지 않고 껍데기만 핥는다면 수박의 진짜 맛을 모를 거예요. 이처럼 어떠한 일이든 대충 하면 일을 제대로 할 수 없답니다.

 **생활 속에 속담이**

책을 실제로 읽지 않고,
표지와 줄거리만 대충 봤을 때

"책을 수박 겉 핥듯이 보았군."

공부를 대충 하여 시험을 망쳤을 때

"수박 겉 핥기로 공부했더니 맞은 게 하나도 없네."

여행지에서 짧은 시간 안에 모든 곳을 다 구경할 수 없어서
대표적인 몇 곳만 둘러보았을 때

"시간이 없어서 수박 겉 핥기식으로 구경했어."

이런 말도 있어요!

- 꿀단지 겉 핥기
- 수박은 쪼개서 먹어 봐야 안다 (북한 속담)
- 주마간산 (走 달릴 주 馬 말 마 看 볼 간 山 뫼 산)
  ⋯ 말을 타고 달리며 산천을 구경한다는 뜻으로, 자세히 보지 않고 대충 보며 지나간다는 말

47

소 잃고 외양간 고친다

일이 이미 잘못된 뒤에는 손을 써도 소용이 없다는 뜻

소를 키우는 곳을 외양간이라고 해요. 소가 없는데 외양간을 굳이 고쳐 놓는다니, 참 쓸데없는 행동 같지요? 즉, 무슨 일이든지 문제가 생기기 전에 대비하자는 말이에요.

 **생활 속에 속담이 뿜뿜!**

주머니에 구멍이 난 걸 깜빡하고 돈을 넣었다가 잃어버려서
집에 오자마자 주머니를 꿰맸을 때
"소 잃고 외양간 고치는 격이지만
다음에 또 잃어버리지 않도록 지금이라도 잘 꿰매 놔야지."

지진으로 큰 피해를 입은 뒤
학교에서 지진 대피 훈련을 자주 하게 되었을 때
"소 잃고 외양간 고치는 거긴 하지만,
언제 또 지진이 날지 모르니까 대피 훈련을 종종 하는 게 좋아."

헬멧을 쓰지 않은 채로 자전거를 타고 있는 친구를 보았을 때
"소 잃고 외양간 고치기 싫으면 헬멧 꼭 쓰고 나와.
다치지 않게 미리 조심하는 게 좋다고."

 이런 말도 있어요!

- 사또 떠난 뒤에 나팔 분다
- 도둑맞고 사립문 고친다
- 망우보뢰 (亡 잃을 망 牛 소 우 補 고칠 보 牢 우리 뢰)
  ⋯ 소 잃고 외양간 고친다는 뜻

48

물에 빠져도 정신을 차려야 산다

아무리 어려운 경우라도 정신을 차리고 용기를 내면 살길이 있다는 뜻

어려운 상황에서 몹시 놀라거나 당황하면 허둥거리느라 해결 방법을 떠올리지 못할 거예요. 그럴 땐 정신을 차리고 차분하게 문제를 해결하도록 노력해요.

 생활 속에 속담이 뿜뿜!

현장 학습을 가서 친구랑 둘이 돌아다니다 길을 잃었을 때

"물에 빠져도 정신을 차려야 산다잖아. 당황하지 말고
일단 입구에 가서 선생님과 친구들을 기다려 보자."

불시착한 비행기에서 모든 승객이 구조되었다는 뉴스를 보았을 때

"기장의 침착한 행동 덕분에 승객들이 모두 살았다고?
역시 물에 빠져도 정신을 차리면 사는구나."

친구가 장기 자랑 무대에 올라가기 전에 잔뜩 긴장했을 때

"물에 빠져도 정신을 차려야 살 수 있어.
자, 긴장 풀고 숨을 크게 마셨다가 뱉어 봐."

 이런 말도 있어요!

- 하늘이 무너져도 솟아날 구멍이 있다
- 호랑이에게 물려 가도 정신만 차리면 산다
- 정신일도하사불성 (精 정할 정 神 귀신 신 一 한 일 到 이를 도
  何 어찌 하 事 일 사 不 아닐 불 成 이룰 성)
- … 정신을 하나로 집중하면 무슨 일이든 이룰 수 있다는 뜻

49
오르지 못할 나무는 쳐다보지도 마라

자기 능력과 형편에 맞지 않는 일이라면 욕심내지 말라는 뜻

자신의 한계를 넘는 일이라면 처음부터 욕심을 내 무리하지 않는 것이 좋아요.

 **생활 속에 속담이 뿜뿜!**

친구가 빨리 커서 좋아하는 연예인과 결혼하겠다고 말할 때
"꿈 깨! 오르지 못할 나무니까 쳐다보지도 말라고."

동생이 값비싼 장난감을 사고 싶어 할 때
"그건 안 돼! 오르지 못할 나무는 쳐다보는 거 아니랬다."

키가 아주 작은 친구가 덩크 슛을 하겠다며 낑낑거릴 때
"네 키로 덩크 슛은 무리야. 오르지 못할 나무라고."

아이돌 멤버를 뽑는 오디션 방송에 참가하려고 하자
주변에서 절대 안 될 거라며 말릴 때
"뭐? 오르지 못할 나무는 쳐다보지도 말라고?
너무 기분 나빠! 참가해서 꼭 1등 하고 말 거야!"

  **이런 말도 있어요!**

- 지족불욕 (知 알 지 足 만족할 족 不 아닐 불 辱 욕될 욕)
  ⋯ 분수를 지켜 만족할 줄 아는 사람은 욕되지 아니한다는 뜻

50

미꾸라지 한 마리가 온 웅덩이를 흐려 놓는다

한 사람의 행동이 여러 사람에게 나쁜 영향을 미친다는 뜻

미꾸라지는 바닥에서 온몸을 좌우로 크게 흔들며 헤엄쳐요. 이 때문에 바닥에 있던 흙이 위로 뜨면서 흙탕물이 되지요. 이처럼 한 사람의 행동이 집단 전체에 나쁜 영향을 줄 때 쓰는 말이에요.

 생활 속에 속담이 뿜뿜!

독서 시간에 다들 조용히 책을 읽는데,
한 친구가 떠들자 다른 친구들도 하나둘 떠들게 되었을 때

"쟤 때문에 교실이 시끄러워졌잖아.
미꾸라지 한 마리 때문에 온 웅덩이가 흐려졌네."

우리 학교 학생이 길에 쓰레기를 버리는 영상이 유튜브에 올라와
나쁜 학교로 소문이 났을 때

"미꾸라지 한 마리가 온 웅덩이를 흐려 놓는다더니,
쟤가 우리 학교 이름에 먹칠을 했어."

유명한 외국 유적지에서 한글로 쓰여 있는 낙서를 보았을 때

"어휴, 한국인으로서 너무 창피해.
미꾸라지 한 마리가 온 웅덩이를 흐려 놓았다고."

 이런 말도 있어요!

- 어물전(생선 가게) 망신은 꼴뚜기가 다 시킨다
- 한 갯물(강이나 내에서 흘러드는 바닷물)이 열 갯물 흐린다
- 썩은 사과 하나가 사과 한 통을 망친다 (외국 속담)

51

열 번 찍어 아니 넘어가는 나무 없다

아무리 확고한 사람이라도 잘 설득하면 마음이 변할 수 있다는 뜻

태도나 마음이 확고한 사람이라도, 여러 번 권하거나 꾀고 달래는 등 꾸준히 노력하면 마음을 변하게 할 수 있어요.

차였다면서 괜찮아?

괜찮아! 한 번 거절당했지만 계속 내 마음을 전할 거야!

열 번째

축하해!

인사해. 내 여자 친구야.

 생활 속에 속담이 뿜뿜!

귀찮다, 피곤하다며 놀아 주지 않는 아빠를
끈질기게 조르고 설득해서 결국 함께 놀러 나갔을 때

"열 번 찍어 아니 넘어가는 나무 없다니까.
그렇게 조르고 사정하는데 아빠가 어떻게 버티겠어?"

방에서 텔레비전만 보려는 동생을 끈질기게 설득하여
함께 산책을 나가게 되었을 때

"역시 열 번 찍어 아니 넘어가는 나무 없네.
너의 건강이 너무 걱정돼서 그랬으니까 이해해."

가출하려는 친구를 붙잡고 열심히 설득하여 겨우 말렸을 때

"휴, 정말 열 번 찍어 아니 넘어가는 나무 없네.
친구가 다시 집으로 돌아가서 다행이야."

 이런 말도 있어요!

- 하면 된다, 하지 않으면 아무것도 안 된다 (외국 속담)
- 십벌지목 (十 열 십 伐 칠 벌 之 갈 지 木 나무 목)
  ⋯ 열 번 찍어 아니 넘어가는 나무 없다는 뜻

쇠뿔도 단김에 빼랬다

어떤 일이든 하려고 생각했을 때 곧 행동으로 옮겨야 한다는 뜻

예부터 우리 조상들은 소를 잘 부리기 위해 뿔을 뺐어요. 이때 불에 달구어 김(단김)이 날 정도로 뜨거운 인두를 이용해 바로 빼야 했어요. 즉, 어떤 일을 하려고 마음을 먹었다면 주저하지 말고 빨리하라는 뜻이에요.

 생활 속에 속담이 뿜뿜!

거실이 너무 지저분해서 거실만 청소하려다가
아예 집안 전체를 대청소하기로 했을 때
"쇠뿔도 단김에 빼랬다고, 이번 기회에 대청소를 해야겠어."

살이 쪄서 운동을 해야겠다고 마음먹은 날,
곧바로 밖에 나가 운동할 준비를 할 때
"쇠뿔도 단김에 빼랬다고, 당장 시작해 보는 거야!"

성적을 올리고 싶어 하는 아이가 공부 잘하는 아이들의 공통점이
철저한 예습과 복습이라는 사실을 알게 되었을 때
"오호! 쇠뿔도 단김에 빼랬다고,
그렇다면 나도 오늘부터 예습과 복습을 열심히 해 볼 테야!"

 이런 말도 있어요!

- 쇠는 뜨거울 때 두들겨라 (외국 속담)
- 바람이 좋을 때 돛을 올려라 (외국 속담)
- 해가 날 때 건초를 만들어라 (외국 속담)

백지장도 맞들면 낫다

쉬운 일이라도 함께하면 훨씬 쉽다는 뜻

백지장이란 흰색 종이 한 장을 뜻하는 말이에요. 종이 한 장 드는 일처럼 매우 쉬운 일이라도 여러 명이 힘을 합하면 더 쉽게 해낼 수 있지요.

 생활 속에 속담이 뿡뿡!

혼자 학급 문고를 정리하는 친구를 도와줄 때

"내가 도와줄게. 몇 권 안 되지만, 백지장도 맞들면 낫다잖아."

★

식구들이 집안일을 하나씩 맡았더니 청소가 금방 끝났을 때

"백지장도 맞들면 낫다더니,
나눠서 하니까 청소가 아주 빨리 끝났어."

★

강원도에서 큰 산불이 났는데 전라도, 경상도, 충청도 등
다른 지역 소방관들이 총출동하여 불을 빨리 껐을 때

"아무래도 돕는 손이 많으니까 그만큼 빨리 불을 껐겠지.
백지장도 맞들면 나으니까."

이런 말도 있어요!

- 두 개의 머리가 한 개보다 낫다 (외국 속담)
- 장작을 가져오는 사람이 많을수록 불길이 거세진다 (외국 속담)
- 십시일반 (十 열 십 匙 숟가락 시 一 한 일 飯 밥 반)
  … 열 사람이 한 숟가락씩 덜어 주면 한 사람이 먹을 만큼의 양이 나온다는 뜻으로, 여러 사람이 힘을 합하면 한 사람을 돕기 쉽다는 말

꿩 먹고 알 먹는다

한 가지 일을 하여 두 가지 이상의 이익을 얻는다는 뜻

한 번의 행동으로 여러 효과를 볼 때 사용해요. 들인 노력에 비해 얻은 결과가 많을 때 주로 사용하지요.

# 생활 속에 속담이 뿜뿜!

음식물 쓰레기를 채소밭에 거름으로 뿌릴 때
"쓰레기도 처리하고, 비료 덕분에 채소도 잘 자라고,
꿩 먹고 알 먹고야."

★

집안일을 도우려고 방 청소를 하다가
없어졌던 장난감도 찾고, 부모님께 칭찬도 들었을 때
"장난감도 찾고, 칭찬도 듣고, 방도 깨끗해졌어. 꿩 먹고 알 먹었네."

★

좋아하는 슈퍼 히어로가 나오는 할리우드 영화를
더빙이 아닌, 영어 버전으로 볼 때
"영화도 보고 영어 공부도 되고, 꿩 먹고 알 먹고네!"

이런 말도 있어요!

- 마당 쓸고 엽전 줍는다
- 도랑 치고 가재 잡는다
- 돌멩이 하나로 새 두 마리를 잡는다 (외국 속담)
- 일석이조 (一 한 일 石 돌 석 二 두 이 鳥 새 조)
  ⋯ 돌 한 개를 던져 새 두 마리를 잡는다는 뜻

백 번 듣는 것이 한 번 보는 것만 못하다

말로 여러 번 듣는 것보다 직접 경험하고 보는 것이 낫다는 뜻

무엇이든지 말로 여러 번 듣는 것보다, 한번 체험하거나 직접 눈으로 보는 것이 이해하는 데 훨씬 더 도움이 돼요. 이는 견학이나 실험이 중요한 이유이지요.

 생활 속에 속담이 뿜뿜!

말로만 듣던 호랑이를 동물원에서 실제로 보니 몹시 무서웠을 때

"백 번 듣는 것이 한 번 보는 것만 못하다더니,
역시 실제로 보니까 호랑이는 엄청 크고 무섭구나."

교통 카드를 충전할 줄 모르는 외국인에게
직접 충전하는 모습을 보여 줬더니 금방 이해했을 때

"백 번 듣는 것보다 한 번 보니까 바로 알겠죠?"

게임에 관심 없던 친구에게 게임 하나를 추천해 줬더니
친구가 그 게임에 푹 빠졌을 때

"거봐, 생각보다 재미있지?
백 번 듣는 것보다 한 번 해 보면 안다고."

 이런 말도 있어요!

- 경험은 어리석은 자도 현명하게 만든다 (외국 속담)
- 사진 한 장은 천 마디 말의 가치가 있다 (외국 속담)
- 백문불여일견 (百 일백 백 聞 들을 문 不 아닐 불 如 같을 여 一 한 일 見 볼 견)
  ⋯ 백 번 듣는 것이 한 번 보는 것만 못하다는 뜻

56

푸성귀는 떡잎부터 알고 사람은 어렸을 때부터 안다

잘될 사람은 어려서부터 장래성이 엿보인다는 뜻

푸성귀는 채소나 나물 등을 뜻하고, 떡잎은 씨앗에서 나오는 첫 잎을 뜻해요. 푸성귀의 떡잎을 보면 잘 자랄지 미리 알 수 있듯이, 잘될 사람은 어릴 때부터 남다른 모습이 보인다는 의미지요.

 생활 속에 속담이 뿜뿜!

장래 희망이 화가인 친구가 그림을 매우 잘 그릴 때

"푸성귀는 떡잎부터 알고 사람은 어렸을 때부터 안다는데,
너는 딱 봐도 나중에 커서 화가가 되겠다."

해외에서 활약 중인 축구 선수가 인터뷰에서
자기는 아기 때부터 축구공과 놀았다고 말하는 것을 봤을 때

"역시 푸성귀는 떡잎부터 알고 사람은 어렸을 때부터 아는 법!
어릴 때부터 축구공을 좋아했다니 축구 선수가 될 운명이었네."

할머니가 가수들의 춤과 노래를 잘 따라 하는 손녀를 보았을 때

"아무래도 얘가 가수가 되려나 보다.
푸성귀는 떡잎부터 알고 사람은 어렸을 때부터 안다고 하잖니."

  이런 말도 있어요!

- 잘 자랄 나무는 떡잎부터 안다
- 될성부른 나무는 떡잎부터 알아본다
- 열매를 보면 나무를 안다 (외국 속담)
- 백단향은 매우 향기로운데, 떡잎 때부터 향기롭다 (외국 속담)

57

어물전 망신은 꼴뚜기가 시킨다

못난 사람일수록 같이 있는 사람들을 창피하게 만든다는 뜻

어물전이란 바다에서 나는 생물을 전문적으로 파는 가게예요. 주변 사람들에게 피해를 주는 사람을 시장에 있는 작고 못생긴 꼴뚜기에 빗대어 쓰는 말이지요.

 생활 속에 속담이 뿜뿜!

옆 반과 축구 시합을 했는데
우리 반 아이가 심한 반칙을 해서 반 전체가 비난받을 때
"어물전 망신은 꼴뚜기가 시킨다더니, 너 때문에 반 전체가 욕먹잖아."

시끄러운 중국인 관광객들을 보고
중국 사람들은 모두 시끄럽다고 생각하게 되었을 때
"어물전 망신은 꼴뚜기가 시킨다고,
몇몇 중국인 관광객들 때문에 중국에 대한 이미지가 나빠졌어."

탁구부 아이들 중 몇 명이 반에서 꼴찌를 하자
탁구부는 공부를 못한다고 소문났을 때
"어물전 망신은 꼴뚜기가 시키고
탁구부 망신은 공부 못하는 애들이 다 시키네."

 이런 말도 있어요!

- 과물전(과일 가게) 망신은 모과가 시킨다
- 미꾸라지 한 마리가 온 웅덩이를 흐려 놓는다
- 나쁜 놈 하나가 일곱 동네에 해를 끼친다 (외국 속담)

금강산도 식후경

아무리 재미있고 좋은 일이라도 배가 불러야 흥이 난다는 뜻

식후경이란 배가 불러야 구경할 맛이 난다는 말이에요. 금강산처럼 아무리 경치가 좋은 곳이라도 배가 고프면 흥이 나지 않겠지요.

 생활 속에 속담이 뿡뿡!

영화관에 도착하자마자 엄마한테 팝콘부터 사 달라고 조를 때

"영화관에 오면 당연히 팝콘부터 사야죠~!
금강산도 식후경인데!"

관광지에 도착한 뒤, 명소에 돌아다니기 전에
맛집에 찾아 들어가 밥부터 먹을 때

"배고프면 힘들어서 안 돼.
많이 돌아다녀야 하니까 일단 먹자. 금강산도 식후경이니까."

운동회 중 쉬는 시간에 간식을 먹자고 선생님한테 조를 때

"운동회도 좋지만 먹어야 힘을 내서 경기를 치르지요~!
금강산도 식후경인데, 간식부터 먹어요!"

 이런 말도 있어요!

- 한 덩어리의 빵이 새들의 노랫소리보다 낫다 (외국 속담)
- 눈을 채우는 것보다 배를 채우는 것이 낫다 (외국 속담)
- 식후경 (食 먹을 식 後 뒤 후 景 경치 경)
  ⋯ 배가 불러야 구경할 맛이 난다는 뜻

열 길 물속은 알아도 한 길 사람 속은 모른다

사람의 속마음을 알기란 매우 어렵다는 뜻

길은 길이 단위로, 한 길은 어른의 키 정도 되는 길이예요. 열 길의 깊은 물속이라도 그 깊이는 재 보면 알 수 있지만, 사람의 속마음은 알아내기가 어려워요.

 **생활 속에 속담이 뿜뿜!**

친한 친구들이 몰래 내 흉을 봤다는 걸 알게 됐을 때
"어떻게 나한테 그럴 수 있어?
열 길 물속은 알아도 한 길 사람 속은 모른다더니."

친구가 갑자기 삐쳐서 집에 가 버렸는데 왜 삐쳤는지 모를 때
"아까까지는 같이 잘 놀았는데 왜 저래?
열 길 물속은 알아도 한 길 사람 속은 모르겠네."

믿던 사람에게 속아 사기를 당한 이야기가 뉴스에 나올 때
"그러게 열 길 물속은 알아도 한 길 사람 속은 모르는 거야.
남의 마음을 어떻게 알겠어?"

- 사람 속은 천 길 물속이라
- 천 길 물속은 알아도 한 길 사람의 속은 모른다
- 측수심매인심
  (測 헤아릴 측 水 물 수 深 깊을 심 昧 어두울 매 人 사람 인 心 마음 심)
  …▶ 깊은 물속은 알아도 한 길 사람 속은 모른다는 뜻

60 장님이 외나무다리 건너듯

일의 결과를 전혀 예상할 수 없다는 뜻

앞을 못 보는 사람이 좁은 나무다리를 혼자 걸어간다고 하면 무사히 건너갈지, 밑으로 떨어질지 결과를 예측하기 어려울 거예요. 이처럼 일의 결과를 알 수 없을 때 쓰는 말이랍니다.

 생활 속에 속담이 뿜뿜!

자신이 응원하는 농구 팀의 경기를 관람하는데
승패가 쉽게 나지 않고 점수가 계속 엎치락뒤치락할 때

"어느 팀이 이길지 전혀 예측이 안 돼!
장님이 외나무다리 건너는 것처럼 조마조마해!"

오전에는 해가 쨍쨍한데 저녁이 되자, 당장 비가 올 것처럼
하늘에 먹구름이 가득할 때

"설마 갑자기 비 내리는 건 아니겠지?
날씨 예측은 정말 장님이 외나무다리 건너는 것 같아."

한국 팀과 독일 팀의 축구 경기가 동점인 상황일 때

"장님이 외나무다리 건너듯 어느 나라가 이길지 전혀 모르겠어."

 이런 말도 있어요!

- 밥인지 죽인지는 솥뚜껑을 열어 보아야 안다
- 오리무중(五 다섯 오 里 마을 리 霧 안개 무 中 가운데 중)
  … 오 리나 되는 짙은 안개 속에 있다는 뜻으로, 일의 방향이나 상황을 알기 어려울 때 쓰는 말

가로세로 속담이 뿜뿜! ❸

가로 문제

1. ○○○ 망신은 꼴뚜기가 시킨다
4. 서투른 ○○가 장비 탓한다
7. 장님이 ○○○○○ 건너듯
9. 돌 한 개를 던져 새 두 마리를 잡는다는 뜻의 사자성어
11. 소 잃고 ○○○ 고친다
13. 정도가 지나치면 부족한 것과 같다는 뜻의 사자성어
14. ○○○도 맞들면 낫다
16. 열 사람이 한 숟가락씩 덜어 주면 한 사람이 먹을 만큼의 양이 나온다는 뜻의 사자성어

세로 문제

2. 열 길 ○○은 알아도 한 길 사람 속은 모른다
3. 오 리나 되는 짙은 안개 속에 있다는 뜻의 사자성어
5. ○○ 겉 핥기
6. 미꾸라지 한 마리가 온 ○○○를 흐려 놓는다
8. 말을 타고 달리며 산천을 구경한다는 뜻의 사자성어
10. 백 번 듣는 것이 한 번 보는 것만 못하다는 뜻의 한자어
12. 참는 것으로 인하여 덕을 이룬다는 뜻의 사자성어
15. 금강산도 ○○○

61

하늘은 스스로 돕는 자를 돕는다

하늘은 스스로 노력하는 사람을 성공하게 만든다는 뜻

어떤 일을 이루기 위해 스스로 최선을 다한 사람은 원하는 결과를 이룰 수 있다는 말이에요.

 생활 속에 속담이 뿜뿜!

달리기를 못했으나, 매일 열심히 연습했더니 실력이 늘어
운동회에서 1등으로 들어왔을 때

"원래 달리기를 되게 못했는데 노력하니까 실력이 늘었어!
역시 하늘은 스스로 돕는 자를 돕는 거야!"

인터넷에 떠도는 글을 대충 모아 독후감을 쓴 아이가
독후감 대회에서 상 받길 원하고 있을 때

"하늘은 스스로 돕는 자를 도와준댔어.
너처럼 노력을 하나도 안 한 아이가 어떻게 상을 받겠니?"

피아노 연습을 열심히 한 친구가 피아노 대회에 나가 상을 받았을 때

"운이 좋은 게 아니라 열심히 연습했으니까 상을 탄 거야.
하늘이 스스로 돕는 자를 도운 거지!"

 이런 말도 있어요!

- 뿌린 대로 거둔다
- 진인사대천명 (盡 다할 진 人 사람 인 事 일 사 待 기다릴 대 天 하늘 천 命 목숨 명)
  … 최선을 다한 후에 결과는 하늘의 뜻에 따른다는 말

탕약에 감초 빠질까

어디든 꼭 끼어드는 사람이나 물건이라는 뜻

감초는 약방에서 탕약을 만들 때 가장 많이 사용하는 재료예요. 이러한 감초의 특성을 이용하여, 어디든 빠지지 않고 꼭 끼어드는 사람이나 물건을 놀리는 듯한 느낌으로 사용해요.

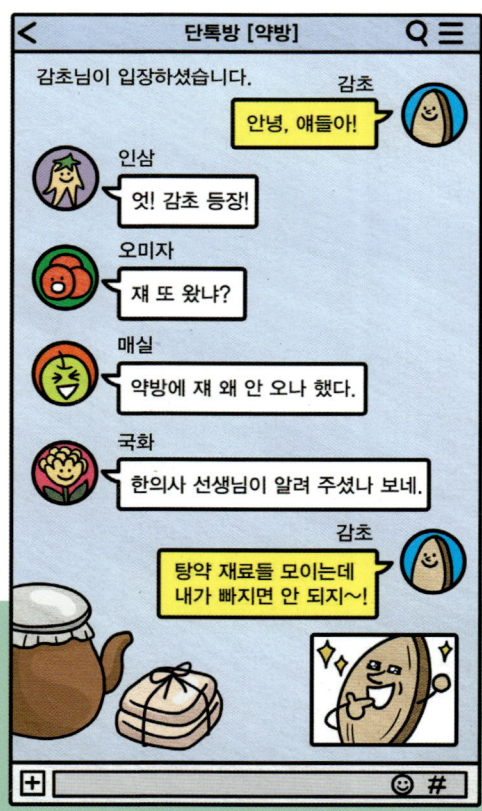

 생활 속에 속담이 뿜뿜!

게임만 시작하면 어떻게 알았는지 친구가 찾아와
같이 하자며 끼어들 때
"탕약에 감초인 네가 왜 안 나타나나 했다.
그래 한판 붙어 보자."

주연은 아니지만 여러 영화에서
재미있는 역할로 많이 출연하는 배우를 볼 때
"저 배우 정말 탕약에 감초 같네. 요즘 안 나오는 영화가 없어."

노래를 잘 부르면서 코믹 댄스를 잘 추는 친구가
매년 장기 자랑에 나가 상을 받을 때
"역시 탕약에 감초가 빠질 순 없지!
올해 장기 자랑에서도 네가 제일 빛났어!"

 이런 말도 있어요!

- 약방에 감초
- 약방감초 (藥약 房방 甘달감 草풀초)
  ⋯▶ 약방의 감초라는 뜻

큰 둑도 개미구멍으로 무너진다

사소한 것 때문에 큰 사고가 날 수도 있다는 뜻

보잘것없이 작은 부분이라도 그냥 놔두면 점점 커져서 큰 피해를 당할 수 있으니 조심해야 한다는 말이에요.

 생활 속에 속담이 뿜뿜!

명절 때 용돈을 많이 받았는데
과자를 몇 번 사 먹었더니 어느새 용돈이 바닥났을 때

"큰 둑도 개미구멍에 무너진다더니,
군것질 몇 번에 그 많던 용돈을 다 썼네."

성냥 한 개비로 불장난을 하다가
집에 큰불이 날 뻔하여 엄마한테 혼날 때

"큰 둑도 개미구멍으로 무너지는 법이야.
성냥불 때문에 우리 집이 불타 없어질 수도 있다고!"

큰 건물이 부실 공사로 인해 무너졌을 때

"큰 둑도 개미구멍에 무너진다더니,
기둥 하나 불량이라고 건물 전체가 무너질 줄 누가 알았겠어?"

 이런 말도 있어요!

- 개미구멍이 둑을 무너뜨린다
- 공든 탑도 개미구멍으로 무너진다
- 제궤의혈(堤 둑 제 潰 무너질 궤 蟻 개미 의 穴 구멍 혈)
  ⋯ 큰 둑도 개미구멍으로 무너진다는 뜻

64

비 온 뒤에 땅이 굳어진다

어떤 시련을 겪은 뒤에 더 강해진다는 뜻

흙은 비가 내리면 질척거리는 진흙이 되지만, 비가 멈추고 물기가 다 마르면 전보다 더 단단하게 굳어요. 이러한 변화를, 어려운 일을 겪은 후에 사람의 마음이 더 단단해지는 것에 비유한 말이에요.

 생활 속에 속담이 뿜뿜!

큰 부상으로 운동을 그만둘 뻔한 선수가
재활 치료와 훈련을 통해 훌륭한 선수로 거듭났을 때

"이제 선수 생활을 못 할 줄 알았는데,
전보다 더 좋은 선수가 되었네. 비 온 뒤에 땅이 굳는다더니."

한때 부모님의 사업 실패로 가정 형편이 어려워졌으나
가족들이 서로 위로하며 어려움을 잘 극복했을 때

"비 온 뒤에 땅이 굳는다는 말이 딱 맞네.
어려움을 잘 이겨 낸 뒤에 가족이 더 화목해졌어."

친구와 크게 싸우고 속상해하는데 선생님께서 위로해 주실 때

"비 온 뒤에 땅이 굳는다잖니.
곧 화해하고 전보다 더 사이좋은 친구가 될 수 있을 거야."

 이런 말도 있어요!

- 고생 끝에 낙이 온다
- 태산을 넘으면 평지를 본다
- 우후지실 (雨 비 우 後 뒤 후 地 땅 지 實 열매 실)
  ⋯ 비 온 뒤에 땅이 굳는다는 뜻

초록은 동색

처지가 같은 사람들끼리 한패가 된다는 뜻

풀색과 녹색은 같은 색이지요. 이처럼 같은 상황에 놓인 사람들은 같은 무리, 같은 편이 된다는 말이에요.

 생활 속에 속담이 뿜뿜!

엄마한테 혼나는 동생이 불쌍해서 화난 엄마를 진정시키며 말렸을 때

"초록은 동색이라더니, 동생 편드는 거야?"

반려견 보리가 똥을 아무 데나 싸서 따끔하게 혼내고 있는데
다른 반려견 파랑이가 와서 나를 보고 마구 짖을 때

"초록은 동색이라더니
자기 동생 혼낸다고 옆에 와서 짖는 것 좀 봐."

같은 반 남학생과 여학생이 말싸움을 했는데
어느 순간 반 전체 학생들이 남녀로 나뉘어 싸우기 시작했을 때

"왜 싸우는지도 모르면서 무조건 남자는 남자 편,
여자는 여자 편이야? 초록은 동색이라더니, 너무하네."

 이런 말도 있어요!

- 가재는 게 편
- 새는 같은 깃털을 가진 새끼리 모인다 (외국 속담)
- 유유상종 (類 무리 유 類 무리 유 相 서로 상 從 모일 종)
  ⋯ 같은 무리끼리 서로 모인다는 뜻

66

콩 심은 데 콩 나고 팥 심은 데 팥 난다

모든 일은 원인에 맞는 결과가 나타난다는 뜻

콩을 심은 곳에서 팥이 날 리 없고, 팥을 심은 곳에서 콩이 날 리 없어요. 즉 모든 결과는 그에 맞는 원인이 있기 때문에 일어난다는 말이에요.

 **생활 속에 속담이 뿜뿜!**

방학 내내 과자를 잔뜩 먹고, 누워서 게임만 했더니
살이 찌고 건강이 나빠졌을 때

"한 달 동안 먹고 자고 게임만 했더니 건강이 나빠졌네.
정말 콩 심은 데 콩 나고 팥 심은 데 팥 나는 것 같아."

동네에서 맛있기로 소문난 음식점에서
신선하고 좋은 재료만 쓴다는 것을 알았을 때

"역시 콩 심은 데 콩 나고 팥 심은 데 팥 나는 거야.
좋은 재료를 쓰니 음식 맛이 좋을 수밖에!"

시험 전까지 열심히 놀다가 낮은 점수를 받은 동생에게

"콩 심은 데 콩 나고 팥 심은 데 팥 나는 법이지.
시험 준비를 하지 않았으니까 이런 점수가 나오는 거라고."

  이런 말도 있어요!

- 뿌린 대로 거둔다
- 배나무에 배 열리지 감 안 열린다
- 종두득두 (種 씨 종 豆 콩 두 得 얻을 득 豆 콩 두)
   ⋯ 콩을 심어 콩을 얻는다는 말

67

하나를 보면 열을 안다

일부만 보고 전체를 미루어 알 수 있다는 뜻

평소 행동하는 것을 보면 그 사람이 어떤 사람인지 알 수 있듯이, 한 부분만 보고도 전체를 짐작할 수 있다는 말이에요.

 **생활 속에 속담이 뿜뿜!**

선생님이 복도 청소 상태만 보고도
교실 청소도 대충 했으리라 예상할 때
"안 봐도 뻔하다. 하나를 보면 열을 알 수 있다고,
복도가 이 지경이면 교실도 엉망이겠지."

선생님이 매일 지각하는 학생을 보고
평소에도 그 학생은 게으를 것이라고 추측할 때
"하나를 보면 열을 알 수 있다고, 너 모든 일에 게으르지?"

친구 공책이 깔끔한 글씨로 필기가 잘되어 있는 걸 보고
그 친구의 교과서도 그러려니 예상할 때
"하나를 보면 열을 알 수 있지. 보나 마나 너 교과서 필기도 잘하겠다.
네 교과서 좀 빌려줄래?"

 **이런 말도 있어요!**

- 한 가지 일에 게으르면, 모든 일에 게으르다 (외국 속담)

68

호랑이 굴에 가야
호랑이 새끼를 잡는다

뜻하는 성과를 얻으려면 그에 마땅한 일을 해야 한다는 뜻

호랑이를 잡으려면 호랑이가 있는 곳으로 가야 해요. 즉, 원하는 것을 얻으려면 이를 위해 당연한 일을 해야 한다는 말이에요.

어휴, 똑똑해지고 싶으면
스마트폰이 아니라 공부를 해야지!

 **생활 속에 속담이 뿜뿜!**

책을 많이 읽겠다고 마음먹고 도서관으로 향할 때

"호랑이 새끼를 잡으려면 호랑이 굴로 가야 하잖아?
그러니 책이 많은 도서관으로 가는 게 좋겠어."

장래 희망이 농구 선수라서 매일 체육관으로 가 농구 연습을 할 때

"농구 선수가 되려면 농구장에 매일 가야지.
호랑이 새끼를 잡으려면 호랑이 굴에 가야 하는 것처럼!"

친구가 학교 회장이 되고 싶어 하지만,
선거에서 떨어지는 게 무서워 나서지 못하고 있을 때

"호랑이 새끼를 잡으려면 호랑이 굴로 가야지. 일단 후보 등록을
먼저 하고, 그다음에 너를 뽑아 달라고 선거 운동을 하는 거야."

 **이런 말도 있어요!**

- 산에 가야 범을 잡지
- 하늘을 보아야 별을 따지
- 터를 닦아야 집을 짓는다
- 모험을 하지 않으면 아무것도 얻을 수 없다 (외국 속담)

콩으로 메주를 쑨다 하여도 곧이듣지 않는다

아무리 사실을 말해도 믿지 않는다는 뜻

콩으로 메주를 만드는 것은 당연한 사실인데도, 그것을 믿지 못한다는 말이에요. 사실을 말해도 도무지 믿지 않고 심하게 의심할 때 사용하지요.

 **생활 속에 속담이 뿜뿜!**

앞으로 일찍 자겠다고 부모님과 약속해 놓고,
밤새 스마트폰으로 게임하다가 걸려서 혼날 때

"네 말은 콩으로 메주를 쑨다 해도 곧이듣지 않을 거야.
이제 밤마다 자기 전에 네 스마트폰 빼앗을 거야!"

친구가 빌려 간 책을 돌려주겠다고 해 놓고
몇 주째 돌려주지 않을 때

"이제 네 말은 콩으로 메주를 쑨다 해도 믿을 수 없어. 당장 돌려줘!"

동화 <양치기 소년>에서, 늑대가 진짜로 나타났는데
소년의 말을 아무도 믿지 않는 장면을 읽고

"거봐! 소년이 매번 거짓말만 하니까
콩으로 메주를 쑨다 해도 사람들이 믿지 않잖아."

 **이런 말도 있어요!**

- 소금으로 장을 담근다 해도 곧이듣지 않는다
- 콩 가지고 두부 만든대도 곧이 안 듣는다

70

첫술에 배부르랴

무슨 일이든지 처음부터 만족할 수는 없다는 뜻

'첫술'이란 음식을 먹을 때 맨 처음으로 뜨는 숟가락을 뜻해요. 고작 밥 한 숟가락으로는 배고픔을 해결할 순 없어요. 원하는 결과를 얻으려면 꾸준히 노력해야 해요.

 생활 속에 속담이 뿜뿜!

평소에 50점을 맞다가 이번엔 100점을 맞으려고
열심히 공부했는데 70점을 맞았을 때
"그래, 첫술에 배부를 수는 없지. 계속 공부해서 다음엔 꼭 다 맞을 거야!"

이제 막 피아노를 배우기 시작한 동생이
빨리 유명한 곡을 치고 싶어 할 때
"첫술에 배부르겠니? 좀 더 배우고 연습하면 칠 수 있을 거야."

친구가 어제 씨앗을 심었는데 싹이 나지 않는다며 조급해할 때
"심은 지 이제 겨우 하루 지났는걸?
첫술에 배부를 순 없으니까 물을 잘 주면서 기다려 봐."

 이런 말도 있어요!

- 천 리 길도 한 걸음부터
- 로마는 하루아침에 이루어지지 않았다 (외국 속담)
- 대기만성 (大 큰 대 器 그릇 기 晚 늦을 만 成 이룰 성)
  ⋯ 큰 그릇을 만드는 데는 시간이 오래 걸린다는 뜻으로, 크게 될 사람은 늦게 이루어진다는 말

원숭이도 나무에서 떨어진다

아무리 익숙하고 잘하는 사람이라도 가끔 실수할 때가 있다는 뜻

원숭이는 나무를 매우 잘 타는 동물이에요. 그러한 원숭이도 가끔 실수로 나무에서 떨어질 때가 있어요. 어떠한 일에 능숙한 사람도 실수할 때가 있답니다.

 생활 속에 속담이 뿜뿜!

반숙 달걀프라이를 누구보다 잘 부치는 엄마가
웬일로 오늘은 노른자를 터트려 반숙에 실패했을 때

"원숭이도 나무에서 떨어질 때가 있다더니,
오늘은 달걀프라이에 실패했네."

암산을 잘하는 아이가 쉬운 더하기 문제를 틀렸을 때

"세상에, 네가 정말 두 자리 수 더하기를 틀린 거야?
원숭이도 나무에서 떨어질 때가 있네."

운전을 잘하는 아빠가 한눈팔다 가벼운 사고를 냈을 때

"원숭이도 순간의 실수로 나무에서 떨어진다고.
운전할 때 방심은 금물!"

이런 말도 있어요!

- 닭도 홰에서 떨어지는 날이 있다
- 장인도 실수를 한다 (외국 속담)
- 천려일실 (千 일천 천 慮 생각할 려 一 한 일 失 잃을 실)
  ⋯ 천 번 생각에 한 번 실수라는 뜻

72

티끌 모아 태산

아무리 작은 것이라도 계속 모으면 큰 덩어리가 된다는 뜻

티끌이란 먼지와 부스러기를, 태산은 아주 높고 큰 산을 말해요. 아무리 작은 것이라도 차곡차곡 모으면 거대해진다는 의미랍니다.

생활 속에 속담이 뿜뿜!

저금통에 동전을 넣어 모았는데
가득 차서 열어 보니 몇 십만 원이 되어 있을 때
"동전만 넣어 모았는데도 이렇게 큰돈이 되다니
정말 티끌 모아 태산이네!"

마트에서 물건을 살 때마다 적립한 포인트로 다른 물건을 살 때
"티끌 모아 태산이라더니,
조금씩 적립한 포인트가 언제 이렇게 쌓였지?"

절약 정신이 몸에 밴 친구가 모든 학용품을 아껴 쓰는 것을 보았을 때
"넌 커서 정말 잘살 것 같아. 티끌 모아 태산이라잖아."

- 모래알도 모으면 산이 된다
- 작은 물방울이 모여 소나기가 된다 (외국 속담)
- 진합태산 (塵 티끌 진 合 합할 합 泰 클 태 山 뫼 산)
  ⋯ 작은 것도 많이 모이면 큰 것이 된다는 뜻

자기 배 부르면
남의 배 고픈 줄 모른다

자기와 환경이나 조건이 다른 사람의 사정을 이해하기 어렵다는 뜻

여유가 있거나 좋은 상황 속에서 살아온 사람은 그렇지 않은 사람의 어려운 사정과 형편을 이해하지 못한다는 말이에요.

 생활 속에 속담이 뿜뿜!

부잣집 아이가 돈이 없어 놀이공원에 같이 못 간다는 친구를
이해하지 못하여 투덜거리고 있을 때

"자기 배가 부르니 남의 배 고픈 건 모르나 본데,
저 친구는 지금 가기 싫어서 안 가는 게 아니야."

추운 날, 옷을 두껍게 입은 아이가 얇은 티셔츠만 입은 친구에게
날씨가 따뜻하다고 말할 때

"으, 오늘 추워. 너는 겉옷을 입었으니까 안 춥지.
자기 배 부르면 남의 배 고픈 건 모른다더니."

친구가 다리를 다쳐 깁스를 한 나에게 빨리 걸으라고 재촉할 때

"자기 다리가 멀쩡하니까 저런 소리를 하지.
자기 배 부르면 남의 배 고픈 건 모른다더니."

  이런 말도 있어요!

- 상전이 배부르면 종 배고픈 줄 모른다
- 추기급인 (推밀 추 己몸 기 及미칠 급 人사람 인)
  ⋯ 자신의 마음을 미루어 보아 다른 사람의 마음을 추측한다는 뜻

한 계단씩 밟아 올라간다

낮은 데서부터 높은 데로 순차적으로 올라간다는 뜻

높은 곳에 오르려면 낮은 데서부터 차근차근 올라가야 한다는 말이에요. 무엇이든 한 번에 되는 건 없어요. 그러므로 기초부터 천천히 해 나가야 해요.

 생활 속에 속담이 뿜뿜!

기초가 부족해 수학을 못하는데,
학원에서 자꾸 어려운 문제만 풀게 할 때

"기초부터 한 계단씩 밟아 올라가야 하는데,
자꾸 어려운 문제만 받으니까 하나도 못 풀겠어."

요리 학원에 갔는데 요리는 안 하고 식재료를 써는 훈련부터 시킬 때

"뭐든지 한 계단씩 밟아 올라간다고,
요리사가 되려면 조리 도구부터 잘 다뤄야 해."

게임을 하는데 친구가 더 어려운 판부터 하자고 보챌 때

"일단 첫 번째 판을 깨야 두 번째 판으로 갈 수 있어.
한 계단씩 밟아야 올라갈 수 있는 법이지."

 이런 말도 있어요!

- 천 리 길도 한 걸음부터
- 로마는 하루아침에 이루어지지 않았다 (외국 속담)
- 등고자비 (登 오를 등 高 높을 고 自 스스로 자 卑 낮을 비)
  ⋯ 높은 곳에 오르려면 낮은 곳에서부터 출발해야 한다는 뜻

우물 안 개구리

아는 것이 적어서 세상에 대해 잘 모르는 사람이라는 뜻

다른 넓은 세상이 있는 줄 모르고, 자기가 보고 들은 세상이 전부라고 생각하는 사람을 말해요. 자기만 잘난 줄 아는 사람들을 뜻하기도 해요.

 **생활 속에 속담이 뿜뿜!**

외국 여행을 처음 간 사람이
대한민국과 전혀 다른 세상이 있다는 걸 깨달았을 때
"내가 모르는 이렇게 넓은 세상이 있었다니,
나는 우물 안 개구리였어!"

친구가 미국에 가 보니 미국인들이 피자를 많이 먹었다며
피자를 미국 음식이라고 우길 때
"우물 안 개구리가 따로 없네. 피자는 이탈리아 음식이라고!"

반에서 수학 시험 1등 한 친구가
전국 수학 경시대회에 나가서 꼴찌를 하고 왔을 때
"내가 제일 잘하는 줄 알았는데 아니었어. 난 우물 안 개구리였더라."

- 작은 연못의 큰 물고기
- 개구리는 넓은 바다에 대해 아무것도 모른다
- 정중지와 (井 우물 정 中 가운데 중 之 갈 지 蛙 개구리 와)
  ⋯ 우물 안 개구리라는 뜻

76 짚신도 제짝이 있다

보잘것없어 보이는 사람에게도 어울리는 짝이 있다는 뜻

짚신은 옛날 사람들이 신던 짚으로 만든 신발이에요. 신발은 하나씩 두 개가 모여 한 쌍을 이루어요. 이처럼 사람에게도 자신에게 맞는 짝이 있다는 말이지요.

 **생활 속에 속담이 뿜뿜!**

할머니가 노총각 삼촌에게 빨리 결혼하라고 잔소리할 때

"닦달한다고 결혼하는 거 아니에요.
짚신도 제짝이 있으니 좀 기다려 보세요."

마음이 맞는 남자 친구가 없다는 이모에게
어른들이 언젠가 생길 테니 걱정 말라고 할 때

"짚신도 다 짝이 있으니 조바심 낼 필요 없어.
때가 되면 맞는 사람이 나타나겠지."

우리 집 강아지가 이웃집 강아지를 보자마자
친구가 되어 잘 지내는 것을 보았을 때

"원래 우리 개는 낯을 가리는데 얘하고는 잘 지내네.
짚신도 제짝이 있다더니, 서로 짝인가 봐."

  이런 말도 있어요!

- 헌 고리도 짝이 있다
- 모든 남자는 그에 맞는 여자가 있다 (외국 속담)
- 모든 병에는 뚜껑이 있다 (외국 속담)

윗물이 맑아야 아랫물이 맑다

윗사람이 잘하면 아랫사람도 따라서 잘한다는 뜻

아랫사람은 윗사람의 행동을 따라 배우기 마련이에요. 만약 윗사람 행동이 바르지 않으면 아랫사람도 바르지 않겠지요. 따라서 윗사람의 솔선수범은 매우 중요해요.

 생활 속에 속담이 뿜뿜!

툭하면 욕을 내뱉던 형이 동생이 욕하는 것을 듣고 놀랐을 때

"윗물이 맑아야 아랫물이 맑다고, 앞으론 말조심해야겠어."

아이 손을 잡고 무단횡단을 한 어른을 보고 경찰이 훈계할 때

"아이는 어른의 모습을 보고 따라 하며 배웁니다.
윗물이 맑아야 아랫물이 맑은 법이라고요."

친구가 봉사 활동을 열심히 다니는 부모님을 닮아서
항상 다른 친구들을 잘 도와주고 배려해 줄 때

"역시 윗물이 맑으니까 아랫물도 맑네.
부모님이 착하게 사니까 그 친구도 그대로 배운 거지."

 이런 말도 있어요!

- 부모가 착해야 효자 난다
- 하인은 주인만큼만 정직하다 (외국 속담)
- 상행하효 (上 위 상 行 다닐 행 下 아래 하 效 본받을 효)
  … 윗사람이 하는 행동을 아랫사람이 본받는다는 뜻

78

지렁이도 밟으면 꿈틀한다

아무리 약하고 순한 사람이라도 업신여기면 반항한다는 뜻

아무리 착한 사람이라도 괴롭힘을 계속 당하면 가만히 있지 않을 거예요. 따라서 상대방을 자기보다 아래라고 여긴 채 막 대하지 않도록 주의해요.

 **생활 속에 속담이 뿜뿜!**

무슨 말이든 농담으로 여기고 웃어넘기던 친구가
어느 날 도가 지나친 장난에 화를 냈을 때

"지렁이도 밟으면 꿈틀한다고.
장난도 한두 번이지, 더 이상은 못 참아!"

계속 심부름을 시켰더니 동생이 화를 냈을 때

"형이라고 동생을 막 부려 먹어도 되는 건 아니야.
지렁이도 밟으면 꿈틀한다는 말 몰라?"

잠자는 고양이에게 장난을 걸려고 계속 손가락으로 찔렀더니
화가 난 고양이가 손가락을 확 물어 버렸을 때

"아야! 지렁이도 밟으면 꿈틀한다더니,
엄청 세게 물었네."

  이런 말도 있어요!

- 쥐도 궁지에 몰리면 고양이를 문다
- 참새가 죽어도 짹 한다
- 느린 소도 성낼 적이 있다

자라 보고 놀란 가슴 솥뚜껑 보고 놀란다

어떤 물건에 크게 놀란 사람은 비슷한 물건만 봐도 놀란다는 뜻

어떤 일이나 물건에 크게 놀란 적이 있던 사람은 그와 비슷한 일만 생겨도 겁을 먹어요. 나쁜 일이 반복될까 봐 불안한 마음을 갖고 있는 셈이지요.

 생활 속에 속담이 뿜뿜!

교통사고를 당한 뒤부터 경적 소리만 들어도 깜짝깜짝 놀랄 때

"자라 보고 놀란 가슴 솥뚜껑 보고 놀란다더니,
빵빵 소리만 들어도 그날이 떠올라서 자꾸 놀라."

지진으로 큰 피해를 당했던 지역 사람들이
공사장에서 나는 큰 소음에도 민감하게 반응할 때

"중장비 소리만 나도 땅이 흔들리는 것 같아.
자라 보고 놀란 가슴 솥뚜껑 보고 놀란다잖아."

놀이 기구를 타다가 기계가 고장이 나서 멈췄던 날 이후로
엘리베이터만 타도 가슴이 답답해질 때

"자라 보고 놀란 가슴 솥뚜껑 보고 놀란다고,
엘리베이터가 내려갈 때면 온몸이 긴장돼."

 이런 말도 있어요!

- 불에 덴 아이는 불을 무서워한다 (외국 속담)
- 상궁지조 (傷 다칠 상 弓 활 궁 之 갈 지 鳥 새 조)
  ⋯ 한 번 화살에 맞은 새는 구부러진 나무만 봐도 놀란다는 뜻

세 살 버릇 여든까지 간다

어릴 때 몸에 밴 버릇은 죽을 때까지 고치기 힘들다는 뜻

습관은 한번 몸에 배면 고치기 힘들어요. 따라서 어릴 때부터 나쁜 습관을 갖지 않도록 노력해야 해요. 반대로 좋은 습관이 몸에 배면 평생 좋을 거예요.

 **생활 속에 속담이 뿜뿜!**

엄마가 손톱 물어뜯는 아이를 혼낼 때

"세 살 버릇 여든까지 간다는데, 이제 좀 그만 뜯지?
지금 고치지 않으면 평생 물어뜯으며 살걸?"

형이랑 싸우는데 형이 갑자기 욕을 해서 아빠한테 혼날 때

"그런 말 하는 거 아니야. 세 살 버릇 여든까지 간다는 말 들어 봤지?
말버릇은 한번 나빠지면 고치기 힘들어."

항상 메모하는 습관을 가진 친구가
메모 덕분에 중요한 일을 잊지 않고 잘 처리했을 때

"세 살 버릇 여든 간다고,
어려서부터 메모하는 습관을 들였더니 놓치는 일이 없어."

 이런 말도 있어요!

- 제 버릇 개 줄까
- 한번 검으면 흴 줄 모른다
- 삼세지습지우팔십
  (三석 삼 歲해 세 之갈 지 習익힐 습 至이를 지 于어조사 우 八여덟 팔 十열 십)
  … 세 살 버릇 여든까지 간다는 뜻

가로세로 속담이 뿜뿜! ④

가로 문제

2. 최선을 다한 후에 결과는 하늘의 뜻에 따른다는 뜻의 한자어
4. ○○○도 밟으면 꿈틀한다
6. 탕약에 ○○ 빠질까
9. 같은 무리끼리 서로 모인다는 뜻의 사자성어
11. ○○를 보면 열을 안다
13. ○○ 보고 놀란 가슴 솥뚜껑 보고 놀란다
15. ○○이 맑아야 아랫물이 맑다
16. ○○○ 굴에 가야 호랑이 새끼를 잡는다

세로 문제

1. 한 번 화살에 맞은 새는 구부러진 나무만 봐도 놀란다는 뜻의 사자성어
2. 작은 것도 많이 모이면 큰 것이 된다는 뜻의 사자성어
3. 큰 그릇을 만드는 데는 시간이 오래 걸린다는 뜻의 사자성어
5. ○○도 제짝이 있다
7. ○○은 동색
8. 높은 곳에 오르려면 낮은 곳에서부터 출발해야 한다는 뜻의 사자성어
10. 콩을 심어 콩을 얻는다는 뜻의 사자성어
11. ○○은 스스로 돕는 자를 돕는다
12. ○○○도 나무에서 떨어진다
14. ○○ 안 개구리

정답

가로세로 속담이 뿜뿜! ❶
48쪽

		①황	새	②견	이	불	③식
④고		소					자
진							우
⑤감	탄	⑥고	토		⑦유	비	무	환
래		생						
			⑧기	역	⑨자		⑩가	랑	비
⑪도	끼				승		는		
둑		⑫돌			자		말		⑬올
		다			박				챙
	⑭꼬	리					⑮송	충	이

가로세로 속담이 뿜뿜! ❷
90쪽

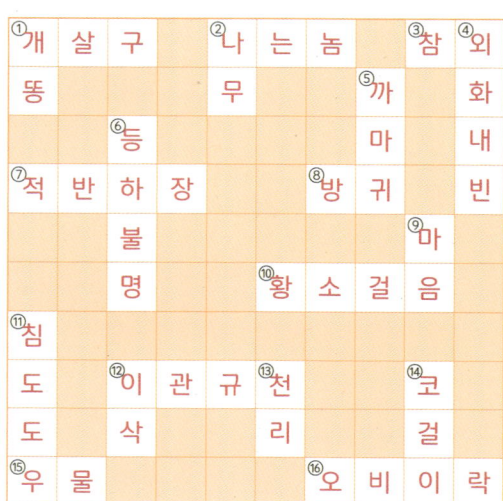

①개	살	구		②나	는	놈		③참	④외
똥				무			⑤까		화
		⑥등					마		내
⑦적	반	하	장			⑧방	귀		빈
		불						⑨마	
		명				⑩황	소	걸	음
⑪침									
도		⑫이	관	⑬천				⑭코	
도		삭		리				걸	
⑮우	물					⑯오	비	이	락

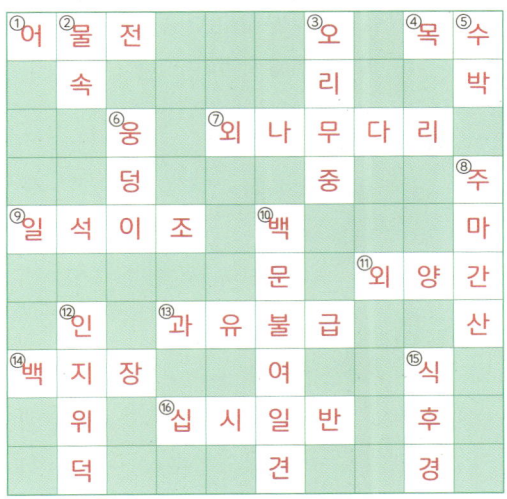

가로세로 속담이 뿔뿔! ❸

132쪽

가로세로 속담이 뿔뿔! ❹

174쪽

찾아보기

ㄱ
가는 말이 고와야 오는 말이 곱다	26
가랑비에 옷 젖는 줄 모른다	38
개구리 올챙이 적 생각 못 한다	36
개똥도 약에 쓰려면 없다	82
고생 끝에 낙이 온다	12
구더기 무서워 장 못 담글까	84
군말이 많으면 쓸 말이 적다	66
그림의 떡이다	10
금강산도 식후경	126
까마귀 날자 배 떨어진다	88
꼬리가 길면 밟힌다	8
꿩 대신 닭	14
꿩 먹고 알 먹는다	118

ㄴ
나무를 보고 숲을 보지 못한다	54
낫 놓고 기역 자도 모른다	20
놓친 고기가 더 크다	18

ㄷ
달면 삼키고 쓰면 뱉는다	16
도끼로 제 발등 찍는다	44
도둑이 제 발 저리다	22
돌다리도 두들겨 보고 건너라	24
드문드문 걸어도 황소걸음	72
등잔 밑이 어둡다	64
떡 줄 사람은 생각도 않는데 김칫국부터 마신다	30
뛰는 놈 위에 나는 놈 있다	58

ㅁ
말이 씨가 된다	34
모르는 게 약이다	46
목마른 놈이 우물 판다	56
물에 빠져도 정신을 차려야 산다	106
미꾸라지 한 마리가 온 웅덩이를 흐려 놓는다	110
믿는 도끼에 발등 찍힌다	40

ㅂ
바늘 가는 데 실 간다	62
바늘 도둑이 소도둑 된다	78
발 없는 말이 천 리 간다	60
방귀 뀐 놈이 성낸다	52
백 번 듣는 것이 한 번 보는 것만 못하다	120
백지장도 맞들면 낫다	116
뱁새가 황새를 따라가면 다리가 찢어진다	42

벼 이삭은 익을수록 고개를 숙인다	74
비 온 뒤에 땅이 굳어진다	140
빛 좋은 개살구	50
뿌리 깊은 나무 가뭄 안 탄다	86

ㅅ

사람은 얼굴보다 마음이 고와야 한다	80
세 살 버릇 여든까지 간다	172
소 잃고 외양간 고친다	104
소문난 잔치에 먹을 것 없다	100
쇠뿔도 단김에 빼랬다	114
수박 겉 핥기	102
시작이 반이다	92

ㅇ

아니 땐 굴뚝에 연기 날까	32
어물전 망신은 꼴뚜기가 시킨다	124
열 길 물속은 알아도 한 길 사람 속은 모른다	128
열 번 찍어 아니 넘어가는 나무 없다	112
오르지 못할 나무는 쳐다보지도 마라	108
우물 안 개구리	162
우물에 가 숭늉 찾는다	76
원숭이도 나무에서 떨어진다	154
윗물이 맑아야 아랫물이 맑다	166

ㅈ

자기 배 부르면 남의 배 고픈 줄 모른다	158
자라 보고 놀란 가슴 솥뚜껑 보고 놀란다	170
장님이 외나무다리 건너듯	130
좋은 농사꾼에게는 나쁜 땅이 없다	96
지렁이도 밟으면 꿈틀한다	168
짚신도 제짝이 있다	164

ㅊ

차면 넘친다	94
참는 자에게 복이 있다	98
첫술에 배부르랴	152
초록은 동색	142

코에 걸면 코걸이 귀에 걸면 귀걸이　　68
콩 심은 데 콩 나고 팥 심은 데 팥 난다　　144
콩으로 메주를 쑨다 하여도 곧이듣지 않는다　150
큰 둑도 개미구멍으로 무너진다　　138

ㅌ

탕약에 감초 빠질까　　136
티끌 모아 태산　　156

ㅍ

팔 고쳐 주니 다리 부러졌다 한다　　70
푸성귀는 떡잎부터 알고 사람은
어렸을 때부터 안다　　122

하나를 보면 열을 안다　　146
하늘은 스스로 돕는 자를 돕는다　　134
한 계단씩 밟아 올라간다　　160
호랑이 굴에 가야 호랑이 새끼를 잡는다　148
황소 뒷걸음치다가 쥐 잡는다　　28